KB175391

좋은 대통령이 나쁜 대통령 된다

황상민 지음

심리학자 황상민이 찾은

대통령을 만든 한국인의 심리

푸른숲

들어가는 말

정치는 욕망의 싸움이다

우리가 행복했던 시절들

사람의 심리를 연구하는 일은 어렵지만 무척 재미있습니다. 제게 심리 연구는 다른 사람이 보지 못하는 인간의 마음과 세상일을 미리 살펴보는 기회입니다. 이런 기회는 한편으로는 인생을 고달프게 합니다. 들키고 싶지 않던 비밀을 들춰냈다는 이유로 회복하기 힘든 고초를 겪기도 하니까요.

중국 고전에 나오는 태평성대란 왕이 무슨 짓을 하든 무슨 일을 하든 신경 쓰지 않고 지낼 수 있는 환경을 뜻합니다. 또 왕이 백성을 걱정시키지 않는 시대를 의미합니다. 태평성대라고 할 수는 없었지만 노무현 정권 시절, 저는 심리학자로서 아주 행복한 시간을 보냈습니다. 그때는 다른 데 신경 안 쓰고 연구에 몰두할 수 있었습니다. 한국 사람들이 먹고, 마시고, 소비하고, 사랑하고, 또 행동하는 일거수일투족이 연구 주제였는데, 정치인이나 대통령을 연구하는 일도 거리낌 없이 할 수 있었지요.

어느 날 노무현 대통령을 바라보는 한국인의 심리를 분석해 국제학회에 나가 발표할 기회가 있었습니다. 그랬더니 미국인들이 조지 W. 부시를 연구해 발표한 줄 알았다며, 정말 신기해 했습니다. 그들과 대화를 나누면서 어느 나라든 국민이 자국 대통령을 공통적으로 불만족스럽게 생각한다는 점을 다시 한 번 확인했지요. 그 시절엔 한국인의 마음을 탐색하는 심리학자로서 최소한 '내가 해야 할 일을 하고 있구나' 하는 자부심은 있었습니다.

그러나 이런 재미는 MB가 대통령이 되면서 더 이상 누릴 수 없었습니다. MB는 말로는 소통을 부르짖으며 정작 사람들이 자신에 대해 어떻게 생각하는지, 정부 정책과 사회 이슈를 어떻게 바라보는지에 큰 관심이 없었습니다. 외형적으로는 자신을 능력자나 우아한 인간 유형으로 분류하면서 뒤로는 자기 반대파를 죽이는 일이 좌파 척결이라는 이름으로 자행됐습니다. 과거 반공이라는 미명 아래 정적을 죽인 이승만이나 박정희 시절에 벌어진 일이 똑같이 반복된 것입니다.

당시 MB 이미지를 분석한 제 연구 내용이 언론에 보도된

적이 있습니다. '국민은 MB 대통령을 7급 공무원으로 인식한다'라는 기사였지요. 저를 두고 감찰을 하네, 마네 했지만 대놓고 핍박하거나 괴롭히지는 않았습니다. 그나마 MB 때는 대통령이 어떻다는 소리를 해도 무사했습니다.

하지만 그런 좋은 세월조차 박근혜가 대통령이 되면서 완전히 사라졌습니다. 대통령 후보 시절 여성 대통령 프레임이 등장하기에 "박근혜는 대한민국에서 여성이 일반적으로 겪는 어려움을 겪거나 사회적 역할을 하며 산 적이 없는데 무슨 여성 대통령이냐"고 얘기했더니 언론은 저를 면도칼 테러 수준의 난동자로 몰았습니다. 어느 일간지와 인터뷰에서 "대통령 코스프레를 하고 있다"는 말을 했을 때는 청와대에 있는 젊은 친구들이 저를 죽이겠다고 했다는 소리까지 들었지만, 설마 종신고용이 보장된 정교수를 어떻게 할 순 없을 거라고 안일하게 생각했습니다. 지금도 그토록 순진하게 상황을 판단한 것이…… 참, 부끄럽습니다.

누가, 어떤 이유로 될까

2015년, 대통령 박근혜 이미지를 분석한 적이 있습니다. 〈신동아〉에 기사로 실린 이 내용의 핵심은 한마디로 이렇습니다.

"대한민국 국민은 대통령 박근혜를 '혼군昏君'으로 보고 있다."

혼군은 어리석은 군주, 무능한 리더라는 뜻입니다. 이미지 분석은 인물의 고유한 속성을 알려주지 않습니다. 대신 사람들이 그 인물을 어떻게 바라보는지 알려줍니다. 그런데 사람들의 눈에 비친 특정인의 이미지를 모으면 놀랍게도 그가 현실에서 무엇을 지향하는지, 위기나 갈등 상황에서 어떤 행동을 할지 알 만한 단서가 보입니다.

혼군은 '꼭두각시'로 재해석할 수 있습니다. 꼭두각시가 대한민국 꼭대기에 올라앉아 있었다는 분석이 추측이 아니라 현실임을 보여주는 일이 박근혜-최순실 게이트입니다. 이미 3년 전에 사람들이 박근혜의 정체를 정확히 파악한 셈입니다.

꼭두각시의 반대편에 존재하는 인물은 상황을 주도적으로 바꿀 유능하면서도 영웅 같은 사람, 바로 '야전사령관'입니다. 야전사령관이란 전방에 머물며 군을 통솔하는 장수를 말합니다. 후방에서 전략을 세워 작전을 지시하는 사람과 달리 직접 전장에 나가 적과 맞서 싸우는 실행가를 일컫지요. 연구 당시에는 야전사령관 이미지의 정치인이 뚜렷이 보이지 않았습니다.

그런데 2016년 말 박근혜-최순실 게이트가 불거지면서 야전사령관이 누구인지 점점 가시권에 들어왔습니다. 바로 이재명입니다. 사람들의 입에 오르내리는 횟수가 많아지고 지지율이 높아지더니 어느새 유력한 대권주자 물망에 올랐지요. 그러나 탄핵 인용의 공이 헌법재판소로 넘어가고 조기 대선 가능성이

대통령이 되는 데 그 인물이 실제 어떤 사람인지,
인품이 훌륭한지, 공약이 좋은지, 리더십이 있는지는
상관없습니다.

커지자 이재명의 지지율이 갑자기 반 토막 났습니다. 여당 쪽에서 막연히 대표주자로 내세우려 한 반기문이 귀국했을 때는 지지율이 올라가기는커녕 점점 더 떨어졌지요.

이런 일이 벌어진 이유는 흔히 말하는 '정치 공학'이나 '전략' 차원으로만 설명하기 어렵습니다. 지지율은 사람 '심리'를 반영하기 때문입니다.

대통령이 되는 데 그 인물이 실제 어떤 사람인지, 인품이 훌륭한지, 공약이 좋은지, 리더십이 있는지는 상관없습니다. 인품이 훌륭하지 않아도, 리더십이 뛰어나지 않아도, 대통령이 될 수 있다는 얘기입니다.

대통령 후보로 등장한 누군가가 초반에 인기를 모으다가 어느새 사람들의 뇌리에서 사라지는 일도, 존재감이 없던 정치인이 돌풍을 일으켜 대통령으로 당선되는 일도 '대중이 그 사람을 어떻게 바라보느냐'에 따라 결정됩니다. 앞서 지지율 변화도 이재명이 지닌 개인적 특질이 바뀐 것이 아니라, 사람들이 그를 바라보는 방식이 바뀐 것을 의미합니다.

뽑아 놓고 후회하는 이유

87년 대통령 직선제가 시작된 후, 모두 여섯 명의 대통령을 선출하는 동안 우리는 반복적으로 선택에 실망하고 또 후회했습니다. 왜 그런 것일까요? 대통령이 무능했기 때문일까요? 아니면 제도의 한계 때문일까요?

선택에 대한 후회는 보고 싶지 않았던 것, 볼 수 없던 것을 보게 되면서 생기는 감정입니다. 노무현을 대통령으로 뽑을 때 우리는 줏대와 소신이 있는 참신한 국회의원 이미지에 열광했습니다. 그러나 그가 대통령이 된 후 검찰 독립, 권위주의 타파 등을 외치며 자기 소신을 밝히자 "대통령으로서 품위가 없다"고 말했습니다.

분명히 '술잔'이었는데 잠깐 눈을 감았다 떴더니 '마주한 두 사람의 옆 모습'으로 보이는 그림을 기억할 것입니다. 덴마크 심리학자 에드거 루빈Edger Rubin이 고안한 이 그림은 그의 이름을 따 '루빈의 컵'으로 불립니다. 루빈의 컵은 사람마다 동일한 것을 주관적 해석에 따라 서로 다르게 인식한다는 인간의 인지 특성을 설명할 때 쓰이는 개념입니다. 하나의 그림이 두 가지 다른 모습으로 보일 수 있다는 사실은 인간의 인식이 '완전하거나 완벽하지 않다'는 사실을 깨닫게 합니다.

정치인을 바라보는 심리에도 착시 효과가 작동합니다. 어떤 정치인에게든 좋은 이미지와 나쁜 이미지가 동시에 존재합니다. 그러나 우리는 서로 다른 두 가지 모습을 동시에 보지 못합니다. 내가 보고 싶은 것, 내가 볼 수 있는 것만 봅니다. 한꺼번에 두 가지 모습을 모두 보려 하면, 마음속에 큰 혼란이 일어나기 때문입니다. 이것이 우리가 특정 정치 지도자를 보는 방식입니다.

내가 특정 정치인을 어떻게 바라보고 있으며, 그것이 어떤 결과를 만들어낼지를 객관적으로 파악하는 일은 누가 대통령이 될지 아는 것 만큼 중요합니다. 그 사고 과정을 통해 결과적으로 내가 지지하는 후보를 다양한 각도에서 꼼꼼히 살펴볼 수 있기 때문입니다. 또 내가 지지하지 않는 후보의 다른 면에 대해서도 다시 생각해볼 수 있습니다.

욕망이 강한 쪽이 이긴다

이 책에는 지금 물망에 오른 대선주자의 이미지를 분석한 결과가 실려 있습니다. 대선주자 이미지 분석은 후보에게 사람들이 믿고 싶어 하는 특성 또는 기대하는 특성이 있는지를 찾는 일이 아닙니다.

대신 사람들이 후보를 어떤 마음으로 바라보는지를 알려줍니다. 또 사람들이 후보에게 바라는 것이 무엇인지를 알려줍니

대선주자 이미지 분석은
특정 정치 지도자에게 투사하는
나와 우리의 욕망이 무엇인지를 알아보는 일입니다.

다. 여기서 '바라는 것'이란 곧 '욕망'입니다. 따라서 대선주자 이미지 분석은 사람들이 특정 후보에게 어떤 욕망을 투사하고 있고, 특정 후보는 어떤 욕망을 가진 사람에게 어필하는지 확인하는 작업입니다.

한마디로 대선주자 이미지 분석은 특정 정치 지도자에게 투사하는 나와 우리의 욕망이 무엇인지를 알아보는 일입니다.

욕망의 종류는 상관없습니다. 욕망이 옳은지 또는 그른지를 따지려는 게 아니라, 각기 다른 사람들이 대선주자에게 어떤 마음을 투사하는지 알아보는 일이니까요. 특정 후보를 두고 이렇다 저렇다 하고 품평하는 일반적인 이미지 분석과는 관점이 다릅니다.

이것은 정치인을 우상화하거나 멋있게 포장하는 것이 아니라, 그 사람에게 투사하는 우리의 욕망을 정확히 확인하는 일입니다. 어떤 이유로, 어떤 욕망으로 특정 정치 지도자를 지지하거나 반대하는지 알아내는 작업이지요.

이미지 분석은 그 후보가 앞으로 어떻게 행동할 것인지도 알려줍니다. 우리가 특정 후보에게 투사하는 욕망이 점점 그의 행동을 바꿀 수 있기 때문입니다.

선거는 욕망이 강한 쪽이 이기는 싸움입니다.

선거는 욕망이 강한 쪽이 이기는 싸움입니다.

이명박이 정권을 잡을 때, 야권 지지 성향 사람들은 이렇게 말했습니다.

"정동영은 너무 약하다."

실제로 약한 후보였다는 평가도 있지만, 그 말에는 이런 진실이 담겨 있습니다.

"DJ와 노무현 정권을 거치며 우리 사회에 민주주의가 어느 정도 뿌리내린 것 같아. 권위주의나 독재 잔재도 많이 청산한 것 같고. 설마하니 대통령이 바뀐다고 사회 분위기가 확 뒤집어지기야 하겠어? 사회가 이렇게 발전했는데 쉽게 후퇴할 리는 없지. 더구나 이명박은 꽉 막힌 사람처럼 보이지도 않는데 별일 없을 거야."

이처럼 야권 지지 성향 사람들이 상황을 안일하게 판단하며 자기 욕망을 분명히 드러내지 않고 타협한 그때, 보수 지지 성향 사람들의 욕망은 기득권을 도로 찾겠다는 일념으로 불타올랐습니다. 바라는 것을 이루기 위해 무엇이라도 하겠다는 각오가 들끓었지요. 결국 욕망의 전쟁터에서 승리한 쪽은 '욕망이 강한 사람들'이었습니다.

대한민국 유권자가 품은 욕망의 흐름을 알려주는 대선주자 이미지 분석은, 심리학적 방법으로 정치의 미래를 내다보는 일입니다. 또 누가, 어떤 이유로 대통령이 될지를 예측하고 당선된 대통령이 앞으로 어떤 평가를 받을지 미리 알아보는 일입니다. 2015년 '사람들이 박근혜를 혼군으로 보고 있다'는 분석이, 2년이 지난 지금 들어맞았음을 생각하면 '미래를 내다본다'는 말은 그리 과장된 표현이 아닙니다. 따라서 이 책에서 분석한 대선주자 이미지 분석 결과를 살펴보는 일은 남보다 적어도 서너 달, 길게는 2~3년 앞서 대한민국이 어떻게 움직일지 파악할 기회를 얻는 것과 같습니다.

차례

3장 뽑는 사람들

4장 통념 속 정치

1장

뱁을 사람들

우리는 그들을 어떻게 바라보는가

내 욕망을 충족시켜줄 지도자

선거를 치를 때마다 언제나 이런 질문이 등장합니다.

"누가 적합한가?"

지금도 '문재인이 맞다', '이재명밖에 없다', '안희정에게 기대한다' 등의 말을 합니다. 대개 이럴 때는 인품이 훌륭해서, 능력이 검증돼서, 참신해서 등 개인적 특질을 근거로 듭니다. 그러나 개인적 특질이 뛰어나다고, 좋은 대통령이 되는 것은 아닙니다. 학교 시험에서 최고 점수를 받은 학생이 무조건 학생회장 노릇을 잘하는 것이 아니듯 대통령이 자질 면에서 최고 점수를 받

학교 시험에서 최고 점수를 받은 학생이 무조건 학생회장 노릇을 잘하는 것이 아니듯 대통령이 자질 면에서 최고 점수를 받더라도 최고 대통령이 되는 것은 아닙니다.

더라도 그가 최고 대통령이 되는 것은 아닙니다.

적합성을 묻는 사람의 수만큼 후보 중 누가 유력한지 묻는 사람도 급격히 늡니다. 그런데 '누가 유력한가'라는 질문을 던지는 순간, 정작 우리는 자신이 바라는 것이 무엇인지 잊고 맙니다. 현재 나온 사람 중 누구라도 선택해야 한다는 현실적 한계를 의식해 자기 욕망을 감추기 때문입니다. 몇몇 후보 중 최적의 인물을 선택해야 하는 상황에서 '누가 유력한가'라는 질문 때문에 정작 내 욕망은 무시되는 역설적 상황이 발생하는 것입니다.

이런 상황에서 우리는 보통 자기 욕망을 분명히 하기보다 후보 중 누가 더 나을지 정답을 찾으려 합니다. 또 한편으론 자신이 지지하는 후보에게 내가 대통령에게 바라는 특성이 있을 거라고 착각하거나 그런 특성이 있었으면 좋겠다고 막연히 희망합니다. 이 경우 판단과 결정은 현실적인 기준이나 조건에 따라 적당히 타협하는 식으로 이뤄집니다. 이것이 가장 쉽고 합리적인 방식이라고 생각하기 때문입니다. 이상적인 조건을 갖춘 배우자를 찾다가 어느 정도 타협해 적당한 누군가와 결혼하는 심리와 그리 다르지 않습니다.

대통령 선거는 대중의 욕망이 특정 인물을 통해 뚜렷이 부

'누가 유력한가'라는 질문을 던지는 순간,
정작 우리는 자신이 바라는 것이 무엇인지 잊고 맙니다.

각되는 대표적인 이벤트입니다. 이번은 특히 정도가 심하지만, 대통령에게 실망하거나 절망감을 느낀 경우는 과거에도 많았습니다. 이럴 때마다 사람들은 구세주를 바라는 마음으로 대통령 선거를 대합니다. 즉 지긋지긋한 문제를 말끔하게 해결해줄 누군가가 나타나기를 바라는 것입니다. 그러나 자신이 겪는 문제의 정체가 무엇인지는 정확히 알려하지 않습니다. 그저 구세주가 나도 모르는 문제를 알아봐주고, 그것을 모두 해결해주기만을 바라는 것입니다.

누구보다 잘할 것 같은 어떤 사람이 대통령이 되면 나도 모르는 이 나라의 문제를 잘 해결해주지 않을까 하고 기대하는 것은 사기꾼에게 돈만 주면 나를 부자로 만들어줄 것이라고 기대하는 것과 같습니다. 수많은 문제 중 내가 가장 해결하길 원하는 문제가 무엇인지 알아야 내 욕망을 충족시켜줄 지도자를 선택할 수 있습니다.

우리는 이미 선거 때마다 하는 후보 검증 절차로는 '당선자가 대통령 역할을 제대로 할 것인지' 알 수 없음을 몸소 체험했습니다.

귀부인은 어떻게 꼭두각시가 되었나

우리는 이미 선거 때마다 하는 후보 검증 절차로는 '당선자가 대통령 역할을 제대로 할 것인지' 알 수 없음을 몸소 체험했습니다. 과거에 우리는 박근혜를 구국의 영웅으로 믿으려 했습니다.

"아버지가 대통령이었으니 그 딸이 대통령이 되면 얼마나 잘하겠어."

박정희를 향한 막연한 동경과 신화를 박근혜에게 고스란히 투사한 것입니다. 그녀를 원래 '자기 집'이던 청와대로 돌려보내면 난세에 빠진 이 나라를 구원해주리라 믿은 셈이지요.

2009년 대한민국 국민은 박근혜를 훌륭한 정치인, 구세주로 보려 했습니다. 그녀는 국민이 믿고 의지할 수 있는 사람이었지요. 실제로 박근혜는 한나라당 대표 시절, 당이 위기에 빠질 때마다 구원투수로 등장해 선거를 승리로 이끌기도 했습니다. 이런 대중적 인기 덕분인지 반드시 그녀가 대통령이 되어야 한다고 생각하는 사람도 많았습니다. 당시 이명박 정권에 실망한 대중은 박근혜를 이렇게 바라보았습니다.

2009년 박근혜의 이미지

- 자신의 감정이나 표현을 냉정하게 절제한다.
- 인간에 대한 기본적인 예의가 있다.
- 자신의 생활, 건강, 이미지 등을 철저하게 관리한다.
- 위기 상황에서도 침착함을 잃지 않는다.
- 공인으로서의 처신이나 생활이 깨끗하고 분명하다.
- 당의 입장과 다르더라도 자신의 소신에 따라 행동한다.
- 자신의 정치적 입장을 고수하는 소신과 고집이 있다.
- 믿음직하고 신뢰감을 준다.
- 어려운 상황에서도 느긋함과 여유를 보인다.
- 자신이 옳다는 확신이 강한 편이다.

2009년 사람들은 박근혜를 뮤지컬 〈에비타〉의 주인공으로 널리 알려진 아르헨티나 후앙 페론 대통령의 부인 '에바 페론' 정도로 여겼습니다. '가난한 노동자들의 성녀'로 추앙받는 에비타는 '깔끔하고 높은 위치에서 베푸는 사람'으로 사회복지사나 교황 같은 이미지를 지녔습니다. 또 이 이미지는 정치인이나 공무원이라기보다는 우아한 퍼스트레이디나 자선사업하는 귀부인을 연상하게 합니다. 이런 특성은 박근혜의 어머니, 육영수 여사의 대중적인 이미지와 정확히 일치합니다. 대중이 박근혜를 이런 이미지로 여기는 데는 언론도 한몫했습니다. 대선에 출마했을 때 한 종편에서 '형광등 100개를 켜놓은 듯한 아우라'가 뿜어 나온다며 그녀를 추켜세운 것은 그것을 뒷받침합니다.

이 이미지에 힘입어 그녀는 2012년 대통령에 당선되었습니다. 그런데 집권 3년 만인 2015년 그녀의 이미지는 이렇게 변했습니다.

2015년 박근혜의 이미지

- 부모나 경제력이 남다른 로열패밀리라는 자산을 갖추고 있다.
- 의사소통에서 원론적인 답변만 한다.
- 시대에 뒤떨어져 21세기와 맞지 않는 느낌이다.
- 언론이나 여론을 자신에게 유리한 방향으로 바꾸려 한다.
- 중대 사안에서 스스로의 판단이 아닌 제삼자의 지시에 의존하는 듯하다.
- 직접적으로 의사를 표현하기보다 자신의 의사를 측근을 통해 에둘러 표현한다.
- 인물 등용에 별다른 기준이 없고 주먹구구식이다.
- 민감한 질문에 피상적으로 말하면서 말을 빙빙 돌린다.
- 자신의 스타일을 뚜렷하게 보여주는 국정 운영 철학이나 정책 노선이 없다.
- 유머 감각이 없고 답답함이 느껴질 정도로 고루하다.

'귀부인'이던 그녀의 이미지는 180도 바뀌어 '꼭두각시'로 변했습니다. 고작 3년 만에 훌륭한 정치인에서 허수아비 같은 대통령으로 변신하는 기적 같은 일이 벌어진 셈입니다.

대중에게 '영웅'으로 추앙받은 그녀는 대통령이 되어 자신이 성장기를 보낸 청와대 안으로 들어갔습니다. 한데 어린 시절 동심으로 돌아가 버렸는지 그녀는 그 안에서 아무것도 하지 않고 놀고먹었습니다.

간혹 그녀가 해외여행을 하는 동안 우리는 무언가 대단한 일을 한다고 믿었습니다. 그녀가 피곤을 무릅쓰고 미국과 중동, 아프리카, 유럽을 다녀올 때마다 이 나라가 더 잘되고 우리가 더 잘살 수 있으리라 생각했습니다.

우리가 우리의 욕망을 그녀에게 명확하게 표현하지 못하는 사이 그녀는 자신의 욕망, 자신이 어린 시절부터 누려온 온갖 욕망을 '국가와 국민을 위한다'는 이름으로 마음껏 충족시켰습니다. 그 와중에 많은 사람이 죽고 병들고 자기 직무에서 부당하게 쫓겨났지요.

우리는 점점 당황했습니다. 그녀가 우리 욕망을 충족시키기는커녕 무책임하거나 생뚱맞은 행동으로 좌절감만 안겨주었기 때문입니다.

우리가 "무엇을 해야 하나요?"라고 질문을 할 때 그녀는 혼을 불러와야 한다고 했고 또 뜬금없이 중동으로 가야 한다고도 했습니다. 병이 나지 않도록 손을 잘 씻어야 한다는 말은 어린 시절 유치원 선생의 말을 떠올리게 했지요.

북한의 핵무기 개발이 문제일 뿐, 개성공단은 남북 모두 그대로 유지해도 되리라고 보았지만 뚝딱 문을 닫아버렸습니다.

결과적으로 그녀는 아무런 대처도 하지 않고 조용히 있는 것이 오히려 국민에게 도움을 주는 '무능한' 대통령으로 보였지요. 그뿐 아니라 무언가 석연치 않은 정도를 넘어 뒷목을 잡게 만드는 일이 계속 일어났습니다. 그 끝에서 국민이 접한 사실은 어마어마하게 많은 최순실 비선 실세 증거들입니다. 그때 우리는 확신했습니다.

'그동안 속았구나! 알고 보니 박근혜에게는 우리가 기대한 놀라운 리더의 특성이나 능력이 없구나. 사기를 당했구나!'

이건 없었던 마음이 새로 생긴 게 아니라 오랫동안 설마하면서 보지 않고, 믿지 않으려 한 마음입니다. 이제야 그녀의 실체가 무엇인지 알아보자는 마음으로 변한 것이지요. 자기 마음속에 막연히 자리 잡고 있던 불안과 두려움의 실체를 직면한 셈입니다. 또 거부하거나 회피하고 싶던 마음을 더 이상 부정하지 않는 것입니다. 이 마음은 자신의 욕망을 인정하는 것과 유사한 마음입니다.

거부하거나 회피하던 문제를 수용한 뒤에, 우리가 다음 단계에 던져야 할 질문은 바로 이런 것입니다.

"왜 그 사람을 영웅이라고 생각했을까? 대체 그가 어떤 문제를 해결하고 또 어떤 욕망을 충족시켜줄 것이라고 기대했는가?"

스스로에게 이런 질문을 던지면 더 큰 심리적 혼란에 빠집니다. 그렇기에 가능한 한 피하고 싶어 합니다.

그러나 이 질문을 하지 않으면 우리는 대통령을 뽑을 때마다 똑같은 함정에 걸려들 수밖에 없습니다. '내가 뽑는 그 사람이 시대를 구할 영웅'이라고 생각하는 오류에 빠지고 마는 것입니다.

우리는 박근혜가 시대를 구할 영웅인 줄 알고 뽑았습니다. 그런데 알고 보니 나보다 나을 것도 없는 평범한 인간에 불과했지요. 그것이 드러난 순간 우리는 실망하고 후회하고 분노했습니다. 그리고 이전부터 그 문제를 알고 있던 것처럼 정답을 외쳤습니다.

"하야하라! 구속하라!"

인간적이지만 무능한 그를 그리워하는 사람들

후회에는 두 가지 종류가 있습니다. 그 사람이 이상한 인간인 걸 왜 이제야 알았을까 하는 것과 그 사람의 진면목을 왜 진작 알아보지 못했을까 하는 것.

우리는 박근혜를 통해 전자를 경험했습니다. 그리고 여기 후자를 떠올리게 하는 사람이 있습니다.

1. 2005년 ○○○의 이미지

• 과장과 허풍을 통해 자신감을 표현한다.

• 벼랑 끝 전술을 써서 문제를 해결하려 든다.

• 어떤 제안이나 행동을 할지 예측이 불가능하다.

• 정치를 쇼처럼 국민들이 즐기는 행위로 바꾸려 한다.

• 결과에 대해 심각하게 고려하기보다 일단 시행하고 본다.

• 타이밍에 맞게 행동하지 못하는 것 같다.

• 분명한 색깔을 드러내지 않고 대세에 따른다.

• 말하는 도중에 비속어를 사용하여 친근감을 표현한다.

• 대통령 당선 전과 후의 정치적 태도가 다르다.

• 보좌관의 조언에 잘 따르지 않는다.

1번은 2005년 집권 3년차를 보내던 대통령 노무현의 이미지 분석 결과입니다. 당시 우리는 노무현을 인간적이지만 무능한 인물로 생각했습니다. 걸핏하면 사고를 치는 '사람 좋은 이웃집 아저씨' 정도로 여기기도 했습니다. 또 대통령이 되기 전과 후의 모습이 다르다며 비판의 목소리를 냈지요. 취임 이전에는 합리적 언변으로 사랑받던 사람이 대통령이 된 후에는 좌충우돌, 실수 연발, 사고투성이라는 평가를 받았습니다.

2017년 노무현의 이미지 분석 결과가 궁금하겠지만, 안타

2. 2017년 ○○○의 이미지

?

깝게도 분석이 불가능합니다. 세상을 떠난 사람에 대한 이미지 분석은 정확하지 않으며 의미도 없습니다. 마치 '위인전'에 등장하는 특별한 존재로 그를 바라보기 때문입니다. 따라서 현재 사람들이 노무현을 어떻게 바라보는지는 물음표로 남겨두겠습니다.

다만 2015년 한 여론조사기관이 발표한 '대한민국 국민이 가장 좋아하는 대통령 1위'에 노무현이 오른 것을 보면, 그를 바라보는 우리의 마음이 이전과 다르다는 사실은 확인할 수 있습니다.

지도자가 대중의 욕망을 받아들여
그것을 자기 운명이자 일이라고 생각할 때,
우리가 바라는 영웅 같은 인물이 나타납니다.

만들어진 영웅

대통령을 비롯해 모든 정치인은 불세출의 영웅이 아니라 우리 같은 평범한 인간입니다. 평범한 인간이 불세출의 영웅으로 바뀌는 것은 대통령 후보가 대통령이 되는 과정에서 이뤄지는 게 아닙니다. 그것은 대통령이 된 이후 시대적 요구와 스스로의 노력으로 자기 역할, 즉 시대적 소명을 잘 수행할 때라야 가능한 일입니다. 지도자가 대중의 욕망을 받아들여 그것을 자기 운명이자 일이라고 생각할 때, 우리가 바라는 영웅 같은 인물이 나타납니다. 이것을 증명하는 인물이 이순신 장군입니다.

이순신 장군은 분명 영웅이지만 그 정도 능력과 인품을 갖춘 사람이 2017년 현재 대한민국에 존재한다면 아마 우리는 그를 전혀 알아채지 못할 겁니다. 무엇보다 그는 이순신 장군이 역사에 남긴 업적을 결코 달성할 수 없을 겁니다. 능력이 없어서가 아니라 왜구가 쳐들어오는 일이 없기 때문입니다. 설령 이순신 장군이 거북선을 만들고 백의종군을 했어도 왜구가 쳐들어오지 않았다면, 그의 존재는 역사에 기록되지 않았을 것입니다. 거북선 100척을 만들었어도 쓸데없는 짓을 했다며 사형을 당했을지도 모를 일입니다. 아니면 역적 취급을 받았을 수도 있지요.

이순신 장군의 가장 큰 업적은 왜구 침입 정보를 사전에 입수해 대비한 점이라고 말하는 사람도 있습니다. 그러나 아무리 잘 준비했더라도 전투를 승리로 이끌지 못했다면 민족의 영웅으로 남지는 못했을 것입니다. 그가 민족의 영웅인 까닭은 풍전등화風前燈火 같은 국가적 위기 상황에서 자기 역할을 잘 수행했기 때문입니다.

20세기 최고의 신화 해설자로 불리는 조지프 캠벨Joseph Campbell 교수는 《신화의 힘The Power of Myth》, 《천의 얼굴을 가진 영웅The Hero with a Thousand Faces》 등의 책에서 대중이 무의식적으로 만들어내는 영웅 신화 심리를 잘 설명하고 있습니다. 영웅은 대부분 비정상적으로 탄생해 성장기에 고난을 겪으며 방황하다가 조력자를 만납니다. 그리고 기적적으로 신적인 힘과 능력을 얻어 괴물을 물리치거나 어려운 과제를 해결한 뒤 고국 또는 고향으로 돌아옵니다. 이를테면 영웅 신화에는 탄생, 고난, 방황, 수련과 과제해결, 귀환 같은 도식이 있습니다. 캠벨은 비록 활동 무대와 사건은 다르지만 인간 집단이 그려낸 영웅 신화는 거의 일정한 형태를 취한다고 주장합니다.

실제로 부처, 예수, 아폴론, 동화 속 왕자 같은 모든 영웅은 이 사이클을 따릅니다. 대표적인 사례가 그리스·로마 신화에 등장하는 헤라클레스입니다. 최고의 신 제우스의 아들로 태어난 그는 성장 과정에서 죽을 고비를 여러 번 넘기고 스승을 찾아가 배우기도 합니다. 그렇게 숱한 모험을 겪으며 그것을 밑바탕 삼아 영웅으로 거듭납니다. 이러한 영웅 도식은 우리가 대통령 후보나 대통령에게 보이는 기대와 희망에도 그대로 반영됩니다.

우리는 마치 미신처럼 '영웅은 타고난다'고 생각할 뿐 아니라, 어떤 인물을 숭배하거나 독재자의 신화 속에 대입하기도 합니다. 누구의 딸이나 아들로 태어나는 것도 중요한 신화적 요소입니다. 박근혜를 향한 '맹목적인 믿음'은 이 영웅 신화 구도에 따라 만들어낸 것입니다.

대통령을 영웅 신화에 대입하는 심리, 대통령에게 거는 기대와 희망은 박정희 독재 시절의 교육이 전파한 결과입니다. 아니, 그것은 우리가 거의 무의식적으로 습득한 믿음입니다. 당시 박정희는 자신과 역사적 인물을 영웅 신화의 틀로 포장했습니다. 군사 쿠데타를 혁명으로, 군부독재 통치 행위를 영웅 신화로 포장하면 스스로 친일 행위를 했다거나 사적으로 무소불위의 힘을 휘둘렀다는 것은 묻혀버리기 때문입니다. 결국 그는 비참한 죽음을 맞은 이후에도 반인반신半人半神으로 남았습니다. 신적인 존재가 어떻게 그토록 비참하게 죽을 수 있는지는 아무도 묻지 않습니다.

현실에서 대중이 정치인에게 거는 기대와 희망은 이런 영웅 신화의 틀에서 나옵니다. 우리는 '영웅이 탄생하는 경로'를 자신이 좋아하고 따르고자 하는 정치인의 생각과 행동을 이해하는 기초로 삼습니다. 즉 영웅 신화를 특정 정치인의 삶에 대입해 끼워 맞춥니다. 그러다 보니 정작 그 정치인이 어떤 행동, 어떤 생각을 하는지는 따져보려 하지 않습니다. 그가 중요한 위치에서 제 역할을 해낼 거라고 믿으면 그의 삶은 '영웅 프레임'으로 포장됩니다. 겉으로는 그의 자질과 특성을 본다고 하지만, 속으론 영웅 같은 인물에게 내가 충족하고 싶은 욕망을 투사해 그것이 이뤄지길 바라는 것입니다. 이것이 우리가 대통령 후보를 바라보는 심리입니다.

반기문은 어떻게 해야 출마할 수 있었을까

2016년 12월부터 저는 당시 유력한 대선 후보로 부상한 문재인, 반기문, 이재명의 이미지 분석에 들어갔습니다. 그런데 두 달에 걸친 조사 기간 중에 놀랍게도 반기문이 바람처럼 사라져 버렸습니다. 공교롭게도 반기문의 이미지 분석을 마친 날, 그는 대선 불출마를 선언했습니다. 어쩌면 이 연구를 한두 달 전에 했다면 그리고 그가 그 결과를 미리 알고 적극 받아들였다면 선거 자체가 달랐을지도 모를 일입니다.

반기문은 출마를 포기한 상태라 더 이상 언급할 필요가 없지만, 이왕 분석한 결과니 한번 오지랖을 부려보겠습니다.

그가 유엔사무총장 임기를 마치고 곧바로 국내에 입국하지 않았다면 어땠을까요?

그는 어떻게 해야 멋지게 출마에 성공할 수 있었을까요? 또 출마에 성공하는 것을 넘어 유력한 대선주자로 활약할 수 있었을까요? 만약 그가 유엔사무총장 임기를 마치고 곧바로 국내에 입국하지 않았다면 어땠을까요? 출마의 '출' 자도 입 밖에 내지 않고 마치 자신은 한국 정치에 관심 없다는 듯 다른 나라를 돌아다니며 각국 유력 인사를 만나고 다녔다면 어땠을까요? 괜히 이 나라 저 나라를 돌면서 자신이 '세계 대통령'이었음을 상기시키는 것이지요.

그렇게 외국을 돌다가 탄핵이 인용되고 모든 것이 정리되었을 때 입국했어야 합니다. 한 달 넘게 신비주의 전략을 펴다가 모두가 '어디 구세주 없소?' 하는 순간 바람을 가르고 나타나는 것이지요. 이 전략을 따랐다면 이 정당, 저 정당 기웃거릴 일 없이 무소속으로 출마했어도 유력한 대선주자를 넘어 실제로 당선되었을지도 모릅니다. 영웅 탄생을 기다려온 사람들은 그를 대한민국이라는 좁은 울타리와는 차원이 다른 세계 무대에서 신화를 써내려간 '신적인 존재'로 받아들였을 것입니다.

하지만 하늘에서 신화를 써야 할 사람이 땅에 내려와 일반인 흉내를 내며 선거용 정치인 모습을 보이다가 그는 피박을 쓰고 말았습니다. 그의 가장 큰 패착은 자기 정체성을 제대로 파악하지 못한 상태에서, 나아가 사람들이 바라는 자기 이미지를 모르는 상태에서 막연히 '정치인 반기문'을 보여주려 한 데 있습니다. 정치인으로 변신하는 과정에서 그는 영웅으로 인식되기는커녕 뭐 하나 믿음이 가지 않는 초보 정치인으로 '1일 1사고'를 치는 사람, 귀하게만 자라 세상 물정 모르는 사람이라는 기존 정치인 이미지를 그대로 답습하고 말았습니다.

반기문과 황교안은 쌍둥이다

반기문의 이미지 분석을 마치고 나니 재밌게도 그의 이미지가 곧 황교안의 이미지라는 것이 드러났습니다. 이전에 전혀 의식하지 않던 새로운 정치인이자 대선 후보를 확인한 순간이었습니다.

반기문이 불출마를 선언하자 대중은 그와 이미지가 비슷한 사람에게 자기 욕망과 기대를 투사했습니다. 반기문의 이미지는 한마디로 '고위 관료 공무원'입니다. 이 수식어에 가장 잘 어울리는 인물은 바로 황교안입니다. 언론에서는 그를 보수 세력의 희망으로 바라보기 시작했습니다. 대통령 권한대행을 맡은 그가 정국을 안정시키는 맡은 바 임무에 충실하자면 대선 후보로 나

정치인의 지지율이나 그의 행동 방향은
그가 실제로 어떤 사람인가보다
대중이 그에게 거는 기대를 더 많이 반영합니다.

오기에 적절하지 않은데도, 반기문에게 걸었던 기대와 희망을 거둬들여 그것을 황교안에게 돌린 것입니다.

대중이 황교안에게 걸었던 기대와 희망은 그가 반기문을 대체하는 유력 정치인이라는 사실을 잘 알려줍니다. 그렇다면 대중은 반기문을 어떻게 바라보고 있었을까요? 반기문의 이미지 분석 결과는 39쪽 표와 같습니다.

이것은 전형적인 고위 공무원, 특히 관료 출신 정치인의 모습을 잘 보여주는 이미지입니다. 국민과 멀찌감치 떨어져 있으면서도 국민을 위해 자신의 임무와 역할을 고고하게 잘 수행한다고 믿는 이 나라 고위 공직자의 전형적인 모습이지요.

대중이 반기문을 나타내는 이미지로 선택한 문항은 모두 황교안을 나타낸다고 해도 전혀 이상하지 않습니다. 이는 대중에게 황교안이 심리적으로 반기문과 쌍둥이로 인식되고 있다는 의미입니다. 그래서 반기문의 불출마 선언 이후, 황교안은 출마와 관련해 어떤 발언도 하지 않았지만 여권의 희망주로 떠올랐습니다. 이것이 이미지의 힘이자 특정 정치인이 대중의 마음속에 자리 잡는 방식입니다.

정치인의 지지율이나 그의 행동 방향은 그가 실제로 어떤

2017년 반기문의 이미지: 고위 공무원

- 실질적인 문제 해결보다 현 상태 유지와 조직 관리에 능한 관료 같은 태도를 보인다.
- 지향하는 정치 이념과 가치가 무엇인지 불분명하다.
- 지금까지 맡아온 직책에 비해 문제 해결 성과나 업적이 불분명하다.
- 전형적이고 고리타분한 정치인의 모습을 보인다.
- 정통 관료 세계를 주로 경험하였기에 일반 국민의 삶의 문제를 잘 모를 것이다.
- 대중이 원하는 말과 행동을 하면서 가능한 한 착한 사람, 좋은 사람으로 보이려 한다.
- 비상사태나 첨예한 갈등 상황에서 자기 입장을 최대한 드러내지 않으려 한다.
- 정치적 행동이나 사고방식이 현 시대와 뒤떨어져 이 나라의 미래와는 맞지 않는 느낌이다.
- 겉으로는 부드럽게 지나가는 듯하지만 치밀한 계산 아래 움직이는 듯 보인다.
- 정책 추진이나 결정에서 자기 색깔을 드러내기보다 대세와 여론을 따르려 한다.

사람인가보다 대중이 그에게 투사하는 욕망, 그에게 거는 기대를 더 많이 반영합니다.

이미지는 그 사람의 구체적인 행동도 알려줍니다. 황교안의 이미지가 반기문의 이미지와 비슷하다는 사실에서 그가 마지막 순간 반기문과 비슷한 행보를 보일 거라는 것은 쉽게 유추할 수 있습니다. 그는 결국 불출마를 택했지요. 그런데 그 후 그와 비슷한 이미지의 한 인물이 기사에 이름을 올렸습니다. 바로 이명박 정권에서 국무총리로 지낸 김황식입니다. 반기문, 황교안이 사라지더라도 또 김황식 마저 사라지더라도 이와 비슷한 고위 공무원 이미지에 대한 기대는 계속될 것입니다.

사람들이 고위 공무원에게 지지를 보내는 이유는 '높은 자리에 있는 사람은 그럴 만한 이유가 있을 것이다' 하는 심리 때문입니다. 특정 인물을 판단할 때 그가 추구하는 가치나 이념 대신 위치나 자리를 중요하게 여기는 것입니다.

남경필, 원희룡, 김문수처럼 여권에서 지자체장을 한 인물뿐 아니라 야권에서도 비슷한 포지션의 인물은 이러한 이미지를 어느 정도 안고 있습니다. 반기문이 출마를 포기했을 때 안희정의 지지율이 상대적으로 많이 오른 이유도 바로 그에게 고위 관료 공무원 이미지가 있기 때문입니다.

이재명, 판을 뒤엎는 사람

제가 이재명을 눈여겨보기 시작한 건 2016년 9월 무렵이었습니다. 한 아주머니가 헌법재판소 앞에서 기자회견을 하는 그에게 "노란 리본 지겨우니까 옷에서 좀 떼라"고 요구했습니다. 그때 이재명은 비판받을 여지가 있음에도 버럭 화를 냈습니다.

"어머님의 자식이 죽어도 그럴 겁니까? 어머니 같은 사람이 나라를 망치는 거예요. 사람이 죽었는데 그런 소리를 합니까?"

보통은 적당히 넘어갈 텐데 대놓고 싸우는 것을 보고 저는 이런 생각을 했습니다.

'저 사람, 성깔 있네. 정치인이기는 하지만 그동안 내가 봐온 정치인과는 뭔가 달라. 한번 지켜봐야겠다.'

그때부터 이재명은 박근혜 이후 대선 후보자의 이미지 분석을 위한 제 인물 레이더망에 들어왔습니다. 그러다가 2016년 10월 말, 대한민국이 탄핵 정국의 소용돌이 속으로 빠져들자 그는 대중의 영웅으로 급부상했습니다. 동시에 그가 어떤 이미지로 대중의 마음을 사로잡았는지 또 어떤 어려움을 겪을지 몹시 궁금해졌습니다. 만일 그가 대권에 다가갈 수 있다면 대중이 그를 어떻게 바라보기에 그런 일이 생길지 알고 싶었던 것이지요.

탄핵 정국에서 대중은 그를 어떤 모습으로 바라보았을까요? 그 순간 대중이 바란 영웅의 이미지는 무엇이었을까요? 저는 대중이 간절히 바라는 리더와 함께 이재명이 이 사회에서 어떤 일을 해주길 기대하는지 이미지 분석으로 확인할 수 있었습니다. 지지하든 반대하든, 잘 안다고 생각하든 그렇지 않든 대중이 인식하는 그의 이미지는 이렇습니다.

2017년 이재명의 이미지 : 판을 바꾸는 사람

- 싸워야 할 대상이나 적에게 투사 같은 강하고 저돌적인 모습을 보인다.
- 특정 이슈 앞에서 자신의 입장을 직설적으로 표현한다.
- 자신과 다른 입장이나 반대파의 비판을 두려워하지 않는다.
- 전통적인 지배 세력(언론, 재벌, 관료 같은 기득권층)을 바꿀 개혁가의 면모를 보인다.
- 언론의 공격이나 여론과 상관없이 자신의 소신과 고집을 지키려 한다.
- 사회의 양극화 문제와 빈부격차 해소를 위해 노력한다.
- 사회의 갈등 현장에 직접 나타나 문제를 적극 해결하려 한다.
- 사회 구성원이 그를 통해 지금보다 미래가 좀 더 나아질 거라는 기대를 품게 한다.
- 달성하려는 목표를 분명히 제시하고 체계적으로 확실히 추진한다.
- 자기 스타일을 뚜렷이 보여주는 국정 운영 철학과 정책 노선을 마련할 수 있다.

한마디로 이재명은 '판을 엎는 사람, 판을 바꾸는 사람'의 이미지입니다. 탄핵 정국에서 이재명이 부상한 이유는 대중이 그가 정치의 판, 이 나라의 기본 판을 싹 바꿀 것이라고 기대했기 때문입니다.

한마디로 이재명은
'판을 엎는 사람, 판을 바꾸는 사람'의
이미지입니다.

모든 것을 싹 뒤엎는다는 것은 정의의 이름으로 불의한 자들을 처벌한다는 것을 의미합니다. 또한 판을 엎는다는 것은 지배 세력을 타파하고 양극화를 해결해 밝고 깨끗한 세상을 만든다는 뜻이기도 합니다. 현재의 판이 기득권의 부패로 양극화가 심화된 세상이기에 대중은 이를 바꾸기 위해 싸움을 잘하는 장군을 절대적으로 원합니다. 그가 바로 이재명이라고 믿는 대중은 그에게 절대적인 충성과 헌신을 보이려 합니다.

대중은 이재명에게 '싹 쓸어줘. 저 쓰레기들을 청소해줘' 하고 요구하는 것입니다. 대중이 이 사회의 부조리가 견딜 수 없는 상황이라고 느끼면 느낄수록 이재명을 지지하는 마음은 더 강해집니다. 그 부조리가 얼마나 많이 쌓여 있는지 정확히 알 필요도 없지요. 그가 우리를 대신해 '시대가 요구하는 것'을 꼭 이뤄줄 것으로 기대하니 말이지요. 이재명의 팬클럽 이름이 '손가락 혁명군'인 것은 이러한 마음을 잘 반영합니다. 이들은 시대와 사회를 바꾸겠다는 기대, 희망, 생각 등에서 자신들이 이재명과 마음이 통한다고 믿습니다. 그들에게 무엇을 위해 바꾸려 하는지, 즉 어떤 가치를 지향하는지 물으면 '공정'을 지향한다고 확신을 담아 대답합니다.

이재명의 적은 누구인가

대중이 이재명을 '판을 바꾸는 사람', '싸움을 잘하는 장군'으로 볼 때, 그가 싸워야 하는 사람은 누구일까요? 탄핵 정국에서 갑작스럽게 변방장수에서 대선주자로 등장한 이재명이 싸워야 하는 적은 '이재명은 이렇지 않다'라는 대중의 반응에서 확인할 수 있습니다. 지지하거나 반대하는 마음과 상관없이 대중은 이재명의 적에게 45쪽 표에 적힌 특성이 있다고 응답했습니다.

이것은 언론이 박근혜-최순실 게이트를 언급한 이후, 대중이 명확히 인식하게 된 박근혜의 이미지입니다. 특히 대중은 박근혜가 국회에서 탄핵된 이후 이 특성을 비교적 뚜렷이 인식했습니다.

물론 이러한 특성이 단순히 박근혜에게만 해당하는 것은 아닙니다. 대중은 여당의 유력 정치인과 대선 후보 역시 이런 특성을 보인다고 인식합니다. 다시 말해 반기문, 유승민, 김무성, 남경필 같은 여권의 대선 잠룡을 이 이미지로 바라보는 겁니다. 이들의 대항마로서 이재명의 존재 이유는 더욱 뚜렷해집니다.

그러나 여권의 대선 후보 이미지가 분명하지 않고 야권의 대선 후보만 부각되면 대선 잠룡으로서 이재명의 존재 이유는 불분명해집니다. 그가 무찔러야 할 적이 '박근혜와 그 일당'이기 때문입니다. 박근혜의 국회 탄핵 이후 다른 대선 후보가 등장하

이재명은 이렇지 않다

- 중대 사안에서 스스로의 판단보다 비선 조직이나 누군가의 지시에 의존한다.
- 전형적이고 고리타분한 정치인의 모습을 보인다.
- 권력 의지가 없고 정치인 같아 보이지 않는다.
- 집안 배경이나 경제력 등 남다른 로열패밀리의 일원임을 큰 정치적 자산으로 삼는다.
- 민감한 질문에 피상적으로 말하면서 말을 빙빙 돌린다.
- 정치적 행동이나 사고방식이 현 시대에 뒤떨어져 이 나라의 미래와 맞지 않는 느낌이다.
- 직접적으로 의사를 표현하기보다 측근을 통해 자기 의사를 에둘러 표현한다.
- 비상사태나 첨예한 갈등 상황에서 자신의 입장을 최대한 드러내지 않으려 한다.
- 때로는 답답할 만큼 신중한 자세로 대응한다.
- 지향하는 정치 이념이나 가치가 무엇인지 불분명하다.

면서 그의 지지율이 요동친 이유가 여기에 있습니다.

만일 이재명이 자신의 이미지와 관련해 대중의 마음이 어떻게 변화할지 미리 안다면 지지율이 바뀔까요? 가능성은 항상 열려 있습니다. 물론 그 가능성은 그가 자신의 이미지를 정확히 이해한 후에야 만들어집니다.

지금까지 장비로 싸워온 이재명은 이제 조조로 변신해야 합니다.

정치인은 자신이 이뤄야 하는 시대적 소명과 역할을 찾아야 합니다.

이재명은 어떤 사람들과 함께 자신의 시대적 소명을 찾아야 할까요? 그가 촛불집회에 참여한 대중과 '박근혜 즉각 사퇴', '박근혜 처벌'을 외칠 때는 특별히 소명이나 역할을 찾을 필요가 없었습니다. 분명한 '적'이 있으니 그저 대중의 답답한 마음을 시원하게 풀어주기만 하면 그만이었지요.

그런데 박근혜의 국회 탄핵이 이뤄진 뒤 이재명의 적은 힘을 잃었습니다. 여권 대선 후보가 뚜렷이 부상하지 않으면 싸울 적이 불분명해진 변방장수 이미지는 대중의 관심에서 멀어집니다. 이재명을 보다 세부적으로 탐색한 이미지는 그가 수행해야 할 시대적 소명과 역할이 어떤 맥락에서 어떻게 나타나는지 잘 보여줍니다.

반기문 같은 고위 공직자 출신의 유력한 여당 후보가 있으면 그는 자신의 존재 이유를 찾기가 수월합니다. 그런데 아직까지 여당의 잠룡은 눈에 띄지 않고 같은 진영인 야당의 잠룡들만 서로 존재감을 드러내려 애쓰고 있습니다. 이럴 때 이재명의 존재 이유는 '대중이 자신을 어떻게 바라보느냐'에서 찾아야 합니다. 즉, 이미지 확장 전략이 필요합니다.

변방장수는 어떻게 더 진화할 수 있을까요? 지금까지 장비로 싸워온 이재명은 이제 조조로 변신해야 합니다. 이재명의 확장된 이미지는 그를 지지하느냐 반대하느냐 또는 그에게 관심이 있느냐 없느냐에 따라 구국의 영웅, 소신의 독불장군, 영리한 기회주의자로 더 세분화됩니다.

이재명 이미지 관계도

	욕망의 혁명가		
	구국의 영웅	소신의 독불장군	영리한 기회주의자
이재명은 이렇다	나라를 구하기 위한 임무를 철인과 같이 수행할 인물.	근본적인 변화를 일으킬 것 같지만 자기 생각만 고집할 리더.	자신의 이익을 추구하지만 긍정적인 변화를 가져올 인물.
이재명은 이렇지 않다	망국(亡國)의 상황을 만들면서 자기 이익을 찾는 국가 지도자.	능력이나 업적보다 임명으로 높은 자리에 오른 인물.	법이나 규범, 제도가 문제를 무조건 해결한다고 주장하는 리더.
	망나니 군신(君臣) (박근혜와 부역자)	고위 관료 정치인 (반기문, 황교안)	무뇌성 원리주의자
	대세 추종자		

'구국의 영웅'이란 나라를 구하기 위해 초인처럼 대중의 욕망을 이뤄주는 사람입니다. 그 대표적인 인물이 이순신 장군이죠. '소신의 독불장군'은 이 사회의 판을 바꾸기 위해 싸우긴 하되 막무가내로 자기 생각만 고집할 것 같은 장군의 이미지입니다. '영리한 기회주의자'는 자신의 이익을 위해 사회에 변화를 일으키는 정치인의 이미지입니다.

이처럼 이 사회의 '판을 바꾸는 사람'도 대중이 어떤 마음으로 바라보는지에 따라 완전히 다른 사람으로 비춰집니다. 이재명이 거두는 성과는 그가 어떤 이미지를 추구하느냐에 따라 달라질 것입니다. 당신은 그에게 어떤 욕망을 투사하고 있습니까? 이 대답에 따라 위의 세 가지 이미지 중 하나를 받아들일 것입니다. 당신이 연상하는 대선 후보 이미지가 그에 대한 당신의 마음입니다.

이재명의 딜레마, 명분을 어떻게 확보할까

이재명은 자신을 스스로 변방장수로 부릅니다. 변방장수에서 판을 바꾼 사람으로 변신해 성공한 가장 대표적인 인물이 이성계입니다. 이성계는 고려를 쓸어버리고 조선을 건국함으로써 정말로 새로운 판을 만들었지요. 그가 판을 뒤엎은 계기는 위화도 회군입니다. 만일 그가 위화도에서 회군하지 않고 최영 장군의 명에 따라 요동을 정벌하려 했다면 역사는 완전히 달라졌을 것입니다.

고려의 최고 장군 최영은 핵심 무신이자 권력의 중추였습니다. 왕과 백성이 그에게 보인 신망은 이성계를 향한 것과는 비교조차 할 수 없을 정도였습니다. 당시 고려를 속국으로 삼았던 원나라는 패망의 길로 접어들었지요. 그 틈을 타 최영 장군은 새로 등장한 명을 쳐서 요동 땅을 회복하려 했습니다. 명은 요동까지 신경 쓸 상황이 아니었던 터라 고려가 요동을 정복하는 것은 충분히 '가능한' 역사적 상상입니다.

그렇지만 요동을 정벌할 생각이 없었던 이성계는 이를 명분이나 실리가 없는 전쟁이라 보고 장마와 역병 등의 핑계를 대다가 결국 명령을 어기고 회군합니다. 끝까지 진군을 외친 최영은 명령을 거역한 역적 무리를 토벌하러 직접 군을 이끌었다가 숙청당합니다. 이후 이성계는 정도전과 함께 고려를 폐하고 조선을 건국하지요.

변방장수에 불과한 이성계가 조선을 건국하는 데 가장 중요했던 것은 자신의 존재 이유, 즉 정당성을 확보하는 일이었습니다. 오로지 불사佛事에만 힘을 쏟는 고려왕조에 환멸을 느낀 백성의 반감이 고조되던 그 시절, 이성계는 유가의 '민본주의'를 내세웠습니다. 이때 소위 사림 세력이 등장했지요. 그러나 조선 건국에 앞장선 사림 세력은 당시 주류가 아니라 정도전을 중심 대중은 판을 뒤엎자는 주장에 열광합니다.
그렇지만 이재명이 어떤 새로운 판을 만들지
제대로 알지 못합니다.

으로 한 비주류 세력입니다. 변방장수 이성계와 비주류 사림 세력의 사상이 역성혁명을 성공으로 이끈 것입니다.

탄핵 정국에서 나라의 판을 바꾸고자 하는 대중의 욕망을 대변하며 혁명가로 부상한 이재명이 뒷심을 발휘하지 못하는 이유를 우리는 이런 역사적 사실에서 찾을 수 있습니다. 위화도 회군은 이성계에게 군사력을 동원해 권력의 향배를 바꿀 이유이자 권력을 잡을 정당성을 제공했습니다. 명분이 없는 전쟁, 승산 없는 전쟁을 피해 군사의 희생을 막는 동시에 중앙에서 권력을 쥔 세력을 제거할 기회를 얻은 것입니다. 불합리한 일을 결정한 자들에게 책임을 물을 정당성을 얻었다고나 할까요? 이 과정을 거치면서 이성계는 고려를 지탱하는 최영과 정몽주를 죽이고 왕조를 바꿀 토대를 마련했습니다. 이때 나중에 태종이 된 아들 이방원이 아버지 이성계의 욕망을 우아하게 실현해주는 역할을 했지요. 태조 이성계가 자기 손에 피를 묻히지 않도록 효심이라는 명분 아래 열심히 싸우는 개혁가의 역할을 잘 해낸 것입니다.

변방장수 이재명은 어떤 정당성을 내세우고 어떤 세력을 대표할까요? 대중은 박근혜와 그 앞잡이들이 만든 판을 뒤엎자는 그의 주장에 열광합니다. 그렇지만 그가 어떤 새로운 판을 만들지, 어떤 세력과 손을 잡고 혁명을 이룰지 제대로 알지 못합니다. 이성계에 비유하자면 이재명은 어떤 사림 세력과 함께할지, 어떤 새로운 이념을 내세울지 분명히 해야 합니다.

'명분과 정당성을 내세워 모두 쓸어버린다.'

이것은 이재명의 치명적 딜레마입니다. 어쩌면 이재명은 이방원이 해낸 것처럼 특단의 조치를 취해야 할지도 모릅니다.

그는 대통령 출마 선언을 하는 자리에서 자신을 노동자 출신의 첫 대선 후보로 규정했습니다. 그리고 박근혜와 삼성의 이재용을 구속해야 한다고 주장했습니다. 그를 판을 바꾸는 혁명가로 보고자 하는 대중에게 이재명의 이 메시지가 충분한 기대와 욕망을 불러일으켰는지는 알 수 없습니다.

그 변화는 누구를 위한 변화인가

판을 바꾸는 혁명가 이미지로 보자면 이재명은 태조 이성계보다 태종이나 세조에 더 가깝습니다. 무엇보다 이성계는 정도전 같은 인물과 함께 시대의 소명이 무엇인지 찾아 나가려 했습니다. 고려를 없애는 과정에서도 많이 고민했을 뿐 아니라 왕이 된 이후에도 신하들의 말을 들으려 했지요.

반면 태종 이방원은 자기 욕망이 무엇인지 잘 알았습니다.

그리고 자기 욕망을 실현하기 위해 걸림돌을 모조리 쓸어버렸습니다. 형제의 난을 거친 다음 태종으로 등극한 이방원은 자기 욕망을 구현하는 전형적인 이미지를 보여줍니다. 다만 그는 자기 욕망을 개인의 욕심이 아닌 고려 멸망과 조선 건국이라는 난세에 필요한 일로 포장했지요. 그가 장남이 아닌 삼남 세종을 왕으로 세운 것을 가장 큰 업적으로 인정하는 역사가들은 이것 역시 그가 시대의 필요에 부응한 것이라고 해석합니다.

이재명이 자신의 욕망을 시대적 소명으로 바꾸려면, 아니 자신의 정체가 바로 대중의 마음이라는 것을 잘 부각시키려면 어떻게 해야 할까요? 이재명을 지지하는 사람들은 그가 정의로운 사회를 구현하기 위해 욕먹을 것을 각오하고 부패 세력과 기득권층을 정리해줄 것으로 기대합니다. 심지어 그것이 강압적이든 불법적이든 별로 개의치 않으려 합니다. 자신이 억울한 죄를 뒤집어쓰더라도 태종처럼 싹 정리해주기를 바라는 것입니다.

태종과 세조는 둘 다 혼란스럽고 불안정한 시절에 권력으로 자기 존재를 확실히 알리고, '안정'이라는 시대적 소명을 달성했다는 공통점이 있습니다. 태종은 그 자신의 업적보다 세종을 아들로 둔 업적이 크고, 세조는 왕권을 강력히 세워 조선왕조가 이후 수백 년 동안 이어지는 기틀을 마련했다는 평가를 받습니다. 그들은 모두 기득권층의 확실한 숙청을 기반으로 자기 역할을 잘 수행한 것입니다.

탄핵 정국에서 뚜렷하게 부상한 이재명의 모습에서 사람들은 박정희의 카리스마, 노무현의 강단과 개혁적인 모습을 연상합니다. 이것은 한마디로 무언가 일을 해낼 것 같고 실질적인 성과를 올릴 듯한 이미지입니다. 박근혜와 그녀의 부역자들이 지난 4년 동안 나라를 어처구니없을 정도로 분탕질한 사실을 알면 알수록 사람들은 그들을 '싹 쓸어버리는' 시대적 소명을 누군가가 이뤄주길 기대합니다. 즉 이재명 같은 정치 지도자가 나서야 한다는 갈급함이 생깁니다.

그런데 그 갈급함을 특검 수사와 헌재 재판이 어느 정도 해소해주면서 대중의 마음이 새로운 대선 후보에게 쏠리는 현상도 발생합니다. 이것은 대중이 분명하다고 믿은 이재명만의 정당성, 이재명만의 시대적 소명을 약화합니다. 이에 대응해 이재명은 자신이 노동자 출신의 대통령 후보라는 것을 내세웠습니다. 그러나 영웅의 임무를 잘 수행하려 할 때 노동자 이재명의 이미지는 그리 필요치 않습니다. 대한민국 국민에게 대통령이 노동자 출신이라는 것은 별다른 의미를 주지 못합니다. 이는 노동자와 농민을 위하는 정당으로 알려진 정의당이 10퍼센트 이상의 지지를 받지 못하는 것과 비슷한 이유입니다.

노동인권변호사로 정치 인생을 시작한 노무현은 이재명의 정체를 밝혀주는 좋은 사례입니다. 대중은 노무현이 자신의 야망보다 '사람 사는 세상'을 만들어야 한다는 시대적 소명을 실현하려 했다고 믿습니다. 사람들은 이재명을 구국의 영웅이라 믿는데 그 영웅의 임무가 아직 불분명합니다. 그가 어떤 세상을 만 어떤 시대적 소명을 위해 일하겠다는 것이 명확하지 않을 때, 사람들은 대통령이 되려는 야망에만 사로잡혔다고 봅니다.

들고자 하는지 불분명한 것입니다.

정치인에게 어떤 시대적 소명을 위해 일하겠다는 것이 명확하지 않을 때, 사람들은 그 정치인을 단지 대통령이 되려는 야망에만 사로잡혔다고 볼 여지가 큽니다. 소신의 독불장군, 영리한 기회주의자는 영웅의 개인적 욕망이 부각될 때 자연스럽게 드러나는 이미지입니다.

이재명은 현재 자신의 정체를 분명히 하기 위해 '공정 사회'를 말합니다. 이 사회가 공정하지 않아 공정하게 만들겠다는 얘기입니다. 그 공정은 누구의 기준일까요? 이 사회가 공정하지 않았던 이유는 권력자나 힘 있는 사람들이 그들에게만 공정했기 때문입니다. 또 다른 권력을 얻어 기득권을 쳐부수겠다고 말할 때는 자신의 존재 이유에 대한 정당성과 명분이 절대적으로 필요합니다. 대중의 마음속에는 부패한 기득권을 청산하는 야전사령관으로서 그가 대통령이 되었을 때, 혹시 독불장군이 되지는 않을까 하는 염려가 가장 큰 심리적 저항감으로 남아 있습니다. 대중은 그에게 기대감과 의구심을 동시에 갖고 있습니다. 기대감은 기존의 질서를 싹 바꿀 거라는 믿음이고, 의구심은 '과연 그 변화는 누구를 위한 변화일까' 하는 심리입니다.

야전사령관으로서 그가 대통령이 되었을 때,
독불장군이 되지는 않을까 하는 염려가
심리적 저항감으로 남아 있습니다.

사실 이방원은 정당성이 충분하면 욕을 얻어먹더라도 일을 추진한 사람입니다. 물론 역사적 순간에 자신의 정체를 어떻게 규정할 것인가 하는 문제를 본인이 해결하기란 힘듭니다. 그렇지만 대중의 마음을 사로잡아 구국의 영웅이 되려는 인물이라면, 적어도 시대적 소명과 역할을 분명히 알아야 합니다.

이재명을 위한 전략: 충격 완화용 안전판

이재명의 시대적 소명은 자신만의 정당성을 갖춰 기득권을 깨부수는 세력으로 부상하는 것입니다. 이를 위해서는 일차적으로 야당인 '더불어민주당(민주당)'의 대선 후보가 되어야 합니다. 현재 상황에서 이것은 굉장히 어려운 일입니다. 이재명이 민주당의 다른 정치인과 싸우면 야전사령관으로서의 이미지를 부각시키기가 곤란하기 때문입니다. 다시 말해 야당인 민주당을 적극 지지하는 대중에게 어필하기 힘듭니다. 특히 이미 전국적으로 이름을 알린 문재인이 존재하는 상황에서 그와 경쟁하면 위

이재명의 혁명가 이미지가
민주당 경선에서 힘을 발휘하려면
대중이 '문재인으로는 안 돼'라는 생각을 해야 합니다.

기 상황에서 내분을 일으키는 변방장수로 여겨지기 십상입니다. 이는 이재명이 싸워야 하는 적이 박근혜를 중심으로 한 여당 정치인으로 분명히 정해진 영향이 큽니다.

이재명의 판을 뒤엎는 혁명가 이미지가 민주당 경선에서 힘을 발휘하려면 대중이 '문재인으로는 안 돼'라는 생각을 해야 합니다. 문재인으로는 기득권이나 부패 청산은커녕 정권 교체마저 위태롭다는 뚜렷한 인식이 등장해야 하지요. 이런 상황에서 이재명은 어떻게 해야 할까요?

다시 고려로 돌아가 이방원을 만나봅시다. 이방원은 고려의 부패한 세력을 뒤엎기 위해 다양한 준비를 합니다. 무엇보다 과거를 청산하고 새로운 나라를 만들기 위해 고려의 충신들을 회유하거나 설득합니다. 여기에 성공하지 못하면 이방원은 상대를 죽였습니다. 그 대표적인 인물이 정몽주입니다. 정몽주는 이방원에게 협조하지 않고 죽음의 길을 택함으로써 고려의 충신으로 남습니다.

이방원은 정몽주를 없애 조선 건국의 가장 큰 걸림돌을 제거하지만 아버지 이성계에게 거의 인간 취급을 받지 못합니다. 아마 능력은 있으되 왕이 될 인성이나 인품을 갖추지 못한 자식이라고 욕을 먹었을 겁니다. 겉으로는 대업을 위해 공적인 일을 잘 수행하지만 결국 그것은 자신의 욕심을 충족시키기 위해서라는 말을 들은 것이지요. 한마디로 '욕망의 혁명가'라는 말입니다.

대중이 욕망의 혁명가 이재명이 대통령이 되기를 바라는 마음은 이렇습니다.

"이래 믿으나 저래 믿으나 결국 정치인에게 속는 것이 대통령 선거다. 차라리 누군가가 화끈하고 속 시원하게 바꿔주기를 바랄 뿐이다. 설령 무지막지하더라도 나쁜 패거리들을 싹 쓸어버리면 그만 아니냐."

그런데 상황이 조금 안정을 찾으면 대중은 급격한 변화가 절대적으로 필요한 이유를 합리화할 근거나 단서를 자기 나름대로 찾으려 합니다. 충격적 변화를 원하지만 그 변화를 완화할 안전판을 원하는 것이 대중의 마음입니다.

이 경우 이재명이 전투에 강한 용맹한 장수라는 것은 더 이상 자랑거리가 아닙니다. 이재명은 내부 사람들을 위한 새로운 메시지와 이미지 전략을 세워야 합니다. 적이 아닌 내부 동지라 할 만한 사람들을 새로운 논리로 설득할 수 있을 때, 이재명의 역할과 존재 이유는 시대적 소명과 자연스럽게 결부됩니다. 만약 대중이 다음 대통령을 탐색하기 시작했을 때, 이재명이 다음의 메시지를 던졌다면 어떤 변화가 있었을까요?

"제가 대통령이 되고 싶어서 이러는 게 아닙니다. 이 나라를 제대로 바꿔야 하는데 누가 바꿀 수 있겠습니까? 문재인 전 대표가 할 수 있다면 우리 문재인을 통해 나라를 바꿉시다."

"야당에 이 일을 해낼 다른 정치인이 있다면 저는 그분이 할 수 있도록 돕겠습니다. 하지만 그런 분을 찾지 못한다면 저라도 나서겠습니다."

이런 말을 하면 소신의 독불장군에서 영리한 기회주의자의 이미지로 급격히 기울 수도 있습니다. 하지만 이것이 그의 역할을 이미지에 잘 맞게 부각시키는 방법입니다.

《삼국지》에는 조조와 유비, 장비와 관우, 와룡(제갈양)과 봉추(방통) 같은 다양한 영웅이 나옵니다. 그 영웅들의 활약도 재미있지만 더 놀라운 것은 그들이 자신의 역할을 찾아 시대적 소명을 수행하는 방식입니다. 변방장수로 시작한 이재명이 자신의 적과 이미지를 잘 안다면 그가 해야 할 일은 시대적 소명에 맞는 자신의 역할을 찾는 일이어야 합니다. 그러면 그는 계속해서 더 나아져 자신의 과업에 보다 가까이 다가갈 것입니다.

이재명과 문재인의 관계

이재명은 박근혜와 비교하면 상당히 개혁적 이미지지만, 문재인과 비교하면 주도적이고 적극적인 '거친 변방장수' 이미지입니다. 문재인을 정권 교체의 희망으로 믿으려 하는 사람들은

용맹한 장수가 후덕한 재상을 공격하려면
분명한 정당성이 있어야 합니다.
그렇지 않으면 사람들은 용맹한 장수를 나쁜 놈으로 봅니다.

이런 이재명을 현재의 위기 상황을 더 강화하는 사람으로 여깁니다. 이는 이성계가 최영 장군을 숙청할 때와 상황이 유사합니다. 하지만 이재명이 위화도 회군을 할 것도 아니고 변방장수로서 무작정 최영 장군에게 반기를 들어 최고 자리를 차지하려 하면 문제만 발생할 뿐입니다.

이재명은 '용맹한 장수'이고 문재인은 '후덕한 재상'의 이미지입니다. 용맹한 장수가 후덕한 재상을 공격하려면 분명한 정당성이 있어야 합니다. 그렇지 않으면 주위 사람이나 부하들은 용맹한 장수를 나쁜 놈으로 봅니다. 용맹한 장수가 후덕한 재상에게 각을 세워 "우리 둘이 싸우면 내가 이길 수 있는데 네가 싸움터에 나오지 않아서 문제야" 하면 부하들은 용장에게 "찌질하게 왜 그래?"라며 아예 대꾸조차 하지 않으려 합니다.

탄핵 정국 상황에서 문재인이 차기 대선 후보로서 받는 높은 지지율은 개인의 역량에 대한 대중의 기대를 반영한 것이 아닙니다. 다만 그가 유력한 야당 대표라고 믿기에 그에게 전폭적인 지지를 보내는 것이지요. 물론 문재인을 반대하거나 욕하는 사람도 이유는 같습니다.

한마디로 대중은 '야당=문재인'이라 지지하는 것입니다. 만약 '야당=누구'라는 또 다른 인물이 떠오르면 그가 어렵지 않게 높은 지지율을 차지할 겁니다. 현재 야당에서 안희정이 그런 인물로 부상하고 있습니다.

가령 문재인이 민주당을 탈당해 다른 당을 만든다면 그는 절대 지금과 같은 지지율을 얻을 수 없습니다. 결국 민주당 후보 경선의 핵심 요인은 누가 더 민주당을 잘 대표하느냐에 있습니다. 안희정이 대통령 출마 선언을 하면서 자신이 민주당의 핵심이고 민주당은 자신에게 빚을 지고 있음을 강조한 이유가 여기에 있지요.

만약 문재인이 대선 후보에서 탈락한다면 그때 문재인을 지지하던 사람들은 이재명을 지지할까요? 이재명이 민주당 후보가 된다면 당연히 그렇겠지요. 또한 야당 후보가 정해지기 전에 탄핵이 기각됐다면 대선 상황은 굉장히 역동적으로 출렁였을 것입니다. 그때는 진정한 용장이 절대적으로 필요하다는 대중의 욕망이 더욱 강해졌겠지요. 탄핵이 기각되었다면, 이재명은 민주당 후보로 부상해 대통령으로 선출되었을 겁니다. 그런데 현재에서 탄핵을 인용한 지금, 이재명이 야당 후보로 선출될 확률은 그리 높지 않습니다.

이재명이 야당 후보가 되지 않더라도 그의 존재 이유는 분명 있습니다. 이 시대는 용장을 절대적으로 필요로 하기 때문입니다. 특히 문재인과 이재명이 같은 편일 때 그의 필요성은 더욱 더 부각됩니다. 만일 문재인이 다른 당이라면 상관없지만 지금

이재명이 야당 후보가 되지 않더라도
그의 존재 이유는 분명 있습니다.
이 시대는 용장을 절대적으로 필요로 하기 때문입니다.

두 사람이 같은 당이기에 문재인이 이재명의 이미지를 더 강화하는 역설적 현상이 발생하는 것입니다.

이재명의 이미지를 기준으로 보면 일반적으로 믿고 있는 문재인을 지지하는 이유가 '사실'이 아닐지도 모릅니다. 혹시라도 야당이 정권 교체에서 실패하면 안 된다는 불안감과 당혹스러움이 문재인을 지지하게 만들 수도 있습니다. 그는 '후덕한 재상'이라서가 아니라 야당 대표라 지지를 받는 것이지요. 현재 대한민국 국민은 박근혜-최순실 게이트로 징글징글한 인간의 모습을 진저리나게 접했고 그들과 다른 사람을 간절히 원하고 있습니다. 그래서 문재인이 통념적인 정치인의 모습을 하고 있다는 것을 알면서도 일단 그를 대세의 인물로 만들고 싶어 하는 것입니다.

만에 하나 새누리당에서 자유한국당과 바른정당으로 변신한 세력의 인물이 대통령이 된다면 국민은 과거의 절망감을 다시 겪겠지요. 이런 불안과 두려움 때문에 한 사람을 콕 집어 확실히 지지하고 싶은 심정인 겁니다. 물론 사회가 바뀌었으면 좋겠는데 그걸 문재인이 해낼 수 있겠느냐는 의구심이 더 높아지면 이재명의 존재 가치가 살아날 수 있습니다.

문재인이 왜 대통령이 되어야 하는지 물으면
사람들은 그가 인품이 훌륭하고 착한 사람이어서라고 말합니다.

문재인, 훌륭한 인격을 갖춘 구세주

문재인은 어떤 사람인지, 왜 그는 현재 대권에 가장 가까이 다가가 있는지 묻는 사람이 많습니다. 심지어 뚜렷하게 자신의 이념 성향을 드러내지 않은 그를 왜 종북 좌파의 대표인물로 보는지 궁금해 하는 사람도 있습니다.

문재인이 어떤 사람인지, 왜 그가 대통령이 되어야 하는지 물으면 사람들은 보통 그가 인품이 훌륭하고 착한 사람이라고 말합니다. 이 말은 그를 잘 모르고 있고 또 왜 그가 대통령이 되어야 하는지도 모른다는 뜻입니다.

대통령 후보자의 인성을 제대로 살펴야 한다는 말은 꾸준히 제기되어온 얘기입니다. 인성을 대통령의 선택 기준으로 언급하는 이유는 과거에 '말도 안 되는' 또는 '대통령 자리를 모독하는' 인물이 대통령을 했다는 의미입니다.

한때 노무현은 보수 가치를 주장하는 사람들에게 인성에 문제가 있다는 공격을 많이 받았지요. 심지어 〈조선일보〉는 노무현이 어릴 때 같은 반 급우의 좋은 가방을 칼로 갈기갈기 찢었다는 이야기를 마치 중요한 사실이라도 되는 듯 다뤘습니다. "미운 놈 떡 하나 더 준다"는 속담과 달리 우리의 언론은 미운 정치인을 폄하하고 비난할 때 인성을 언급합니다. 그럼 대중은 문재인의 인성을 어떻게 평할까요?

2017년 문재인의 이미지: 훌륭한 인격을 갖춘 구세주

- 과거의 사회 활동이나 정치 경력에서 공인으로서의 처신이나 생활이 깨끗하고 분명하다.
- 성품이 온화하고 단정하다.
- 민주화 또는 시민운동 등으로 개인적 부귀영화보다 공공의 이익을 위해 살았다.
- 인간적으로 정이 많고 의리가 있는 사람이라는 인상을 준다.
- 경제성장보다 양극화 및 빈부격차 해소 등 복지와 분배 등의 이슈에 더 관심이 많다.
- 경제성장이나 외형적 변화보다 공동체, 삶의 질 같은 인간적인 가치를 더 중시한다.
- 때로는 답답할 만큼 신중한 자세로 대응한다.
- 사회의 양극화 문제와 빈부격차 해소를 위해 노력한다.
- 누구나 쉽게 접할 수 있는 이웃집 아저씨나 친구 같은 편안한 느낌을 준다.
- 사회 구성원이 그를 통해 지금보다 미래가 좀 더 나아질 거라는 기대를 품게 한다.

문제를 해결하거나 일을 제대로 하는 사람이라기보다
곁에 있기만 해도 좋은 사람으로 여기는 것입니다.

한마디로 문재인의 이미지는 '훌륭한 인격을 갖춘 구세주'입니다. 만약 대중이 문재인을 이렇다고 믿는다면 대중의 기대는 그의 능력이 아니라 인품에 있습니다. 문제를 해결하거나 일을 제대로 하는 사람이라기보다 곁에 있기만 해도 좋은 사람으로 여기는 것입니다.

대중은 공정한 분배, 공동체, 인간의 삶과 가치, 사람 등 모두가 원하고 있지만 현재 우리 사회에서 요원한 것으로 보이는 문제를 언급합니다. 그러나 이 사람이 꼭 해결해야 하는 것은 아닙니다. 사실 이런 이미지의 정치인이 무언가 정치 활동을 하려고 하면 그게 무엇이든 실제로 이슈화해서 해결하기보다 그냥 흐지부지 끝날 가능성이 더 높습니다. 대중이 이 정치인에게 기대하는 것은 NGO나 종교 활동 같은 포지션이기 때문입니다.

대중은 그를 정치판에서 이전투구하며 싸우는 정치인이라기보다 마더 테레사, 넬슨 만델라 같은 최고의 인품을 갖춘 인물로 보려 합니다. 이것은 현실이 혼란스러워 길을 찾기 어려울 때 '이 사람이 길이자 진리'라고 믿고 싶은 마음의 표현입니다. 사람들이 현실의 어려움을 극복하기 위해 종교에 기대 위로를 얻으려는 것과 비슷한 심정이지요. 왜 이런 심리가 생겼을까요? 이는 대중이 정치인을 통해 구원의 메시지를 얻고 싶어 할 때의 심리가 잘 드러난 경우입니다.

현재 대중이 구세주 이미지로 인식하는 문재인의 문제는 대통령 당선 여부가 아니라, 당선된 후 '과연 훌륭한 대통령 역할을 할까' 하는 점입니다.

구세주가 구체적으로 설정해야 하는 자신의 역할과 임무는 환경미화원입니다. 환경미화원이란 박근혜-최순실 일당과 같은 부패 세력이 만든 온갖 쓰레기를 처리할 사람을 의미합니다. 사람들은 그가 과격하게 설치지 않고 조용히 자기 역할을 해주기를 기대합니다. 이에 대해 그 근거를 '그의 인품으로 보아 이 역할을 잘할 것'이라고 믿습니다.

문재인을 구세주로 믿고 싶어 하는 사람들은 마치 교황에게 교황청의 부패를 해결하고, 세상을 밝게 빛내는 역할을 해주기를 바라는 마음으로 그를 바라봅니다. '사회의 양극화 문제와 빈부격차 해소를 위해 노력한다', '경제성장이나 외형적 변화보다 공동체, 삶의 질 같은 인간적인 가치를 더 중시한다' 등의 문항이 그것을 증명합니다.

'누구나 쉽게 접할 수 있는 이웃집 아저씨나 친구 같은 편안한 느낌을 준다'라는 문항은 그가 드라마나 영화에 등장하는 '신'의 역할을 해주기를 기대한다는 점을 알게 합니다. 영화 〈브루스 올마이티〉에 신으로 등장하는 모건 프리먼처럼 이웃집 아저

대중이 막연히 생각하는 문재인의 이미지는
종교지도자에게 구원을 기대하는 마음으로 잘 드러납니다.

씨의 편안한 얼굴을 하고 전지전능한 역할을 해주기를 바란다는 의미입니다.

문재인의 적은 누구인가

대중이 막연히 생각하는 문재인의 이미지는 마치 종교지도자에게 구원을 기대하는 마음을 잘 드러냅니다. 현재 상황이 너무 어렵고 힘든 탓이지요. 그의 깨끗하고 바른 기운이 이 나라를 품격 있게 바꿀 것이라고 기대하는 것이 미신적 희망이 아닌 현실로 나타날 때, 구세주는 자기 역할을 잘하는 것입니다. 한마디로 사람들은 문재인이 현재의 특성을 잘 유지하기를 바랍니다. 깨끗하고 훌륭한 인품에다 국민을 두려워하는 기본적인 자세만 유지해도 문재인은 훌륭한 대통령이 될 조건을 갖췄다고 보는 셈입니다.

그런데 그가 내 어려움을 구제하고 잘살게 해주지 못하면 실망감이 커져 오히려 부정하고 맙니다. 이는 특정 정치 지도자를 통해 삶의 구원을 바라는 우리의 욕망이 만들어내는 이미지 변신입니다. 그러다 보니 정치인의 역할을 '정치를 해서 돈을 버는 사람' 또는 '국민을 잘살게 해주는 사람' 등으로 기대하는 사람에게 문재인은 우리를 가난하게 만들지도 모른다는 의문을 품게 합니다.

박근혜를 뽑을 때 대한민국 대중은 경제 발전을 이끈 박정희의 딸, 박근혜가 이 나라를 다시 잘살게 해주길 기대했습니다. 이는 현재 우리가 문재인을 구세주로 바라보는 심리와 그리 다르지 않습니다.

구세주를 바라는 마음으로 대통령을 선택한다는 것은 종교인을 만나 영혼을 구제받기를 기대하는 심리와 같습니다. 종교시설에 가서 죄를 씻고 위로와 위안을 받을 뿐 아니라 부자가 되기를 기대하는 것과 같다는 말입니다.

그렇다면 대중이 '문재인은 이렇지 않다'고 꼽은 문항에는 어떤 것이 있을까요? 68쪽 문항에서 묘사하는 인물이 바로 그가 맞서 싸워야 할 적입니다.

이 이미지는 이명박, 이정현, 홍준표 같은 과거 새누리당 정치인을 비롯해 2016년 가을 이후 대중에게 뚜렷이 부각된 최순실의 이미지입니다. '박근혜-최순실 게이트'의 주인공들이 만든 이미지가 문재인의 이미지와 뚜렷이 대비되면서 문재인이 부각된 것입니다. 이것이 특별한 업적이나 능력을 내세우기 어려운 문재인을 대중이 구세주의 이미지로 보는 배경입니다. 대중

문재인은 이렇지 않다

- 행동이 경박스럽고 사생활이 복잡하다.
- 인간에 대한 기본 예의가 없고 타인을 함부로 대한다.
- 집안 배경이나 경제력 등 남다른 로열패밀리의 일원임을 큰 정치적 자산으로 삼는다.
- 인상이 차갑고 냉소적이다.
- 국민의 안위나 행복을 추구하기보다 자신의 권력 유지가 먼저다.
- 공격적이고 적극적인 태도로 주위 사람들을 대한다.
- 자신의 정치적 이익이나 성공을 위해 소속 당이나 지지 집단까지 바꿀 만한 사람이다.
- 실리보다 체면을 중요시하며 과시욕이 있다.
- 권력 쟁취, 정권 유지, 자신의 정치적 목적을 위해 상호 합의나 법을 무시하고 어떤 행동이든 한다.
- 이벤트성 행사와 쇼맨십에 치중한다.

은 박근혜, 최순실, 이정현 같은 사람을 분명히 거부합니다. 이들의 정체를 확실히 보았기 때문입니다. 겉으로는 우아한 척하면서 자신의 욕망을 추구하는 정치인의 정체가 명확해질수록 대중은 '욕심 없어 보이는' 문재인의 이미지에 자신의 욕망을 투사합니다.

문재인보다 더 번듯하고 품격 있는 다른 어떤 사람이 나오면
그에게 대중의 마음이 쏠릴 수도 있습니다.
그를 새로운 구세주로 믿으려 하기 때문입니다.

대중은 문재인에게 구세주 이미지를 투사하는 한편 그가 세상 물정을 모른다는 염려를 합니다. 만약 그가 세상 물정에 맞게 일을 처리하면 그는 자기 정체성을 잃었다는 말을 들을지도 모릅니다.

문재인에게는 종북 좌파 공격에 위축되지 않고 자신이 옳다고 믿는 가치와 양심을 대중과 어떻게 소통하고 공유할 것인지 하는 문제도 있습니다. 사람들은 그에게 깨끗하고 바른 정치를 추구하고 옳지 않은 것에 분명한 메시지를 던져주기를 기대합니다. 어설픈 통합이나 소통, 화합을 말할 것이 아니라 무엇이 잘못되었고 무엇을 척결해야 하는지 분명히 밝히기를 바라지요. 그를 구세주로 바라보는 대중은 그가 신의 권능을 발휘하고 죄인들이 그에게 자비를 구하길 기대하는 것입니다.

문재인의 이미지는 박근혜와 최순실처럼 우리 사회에서 인격 문제를 일으키는 사람들과 대비됩니다. 만약 문재인의 이미지보다 더 번듯하고 품격 있는 다른 어떤 사람이 나오면 그에게 대중의 마음이 쏠릴 수도 있습니다. 그를 새로운 구세주로 믿으려 하기 때문입니다.

욕망은 여러 얼굴을 하고 있다

민주공화정에서는 대통령이 국민의 대표이자 지도자지만 모든 권력은 국민에게서 나온다고 합니다. 그런데 우리는 대통령을 왕처럼 대하고 국민을 그의 신하나 백성으로 여깁니다.

국회에서 탄핵안이 가결된 후, 강남의 중년 부부와 식사를 할 기회가 있었습니다. 그들은 내가 연세대에서 해임된 것이 그리 놀랍지 않다는 의견을 피력했습니다. 당연한 결과라는 말이었습니다. 왜 그렇게 생각하느냐고 물었더니 이렇게 답했습니다.

"네가 역린을 건드렸잖아."

역린이란 거꾸로 난 비늘을 의미하는데, 이는 기본적으로 왕, 즉 권력자의 심기를 거슬리는 것을 뜻합니다. 역린을 건드렸다는 표현에서 이미 대통령을 대통령이 아닌 '왕'으로 여긴다는 사실을 알 수 있었습니다. 이어지는 대화에서 대통령에 대한 그들의 생각을 다시 한 번 확인할 수 있었습니다. 그들은 박근혜에게는 잘못이 없다며 이렇게 말했습니다.

"참, 귀한 집 자식인데 딱해. 주위에서 제대로 보필하는 사람만 있었어도 이 지경까지는 안됐을 텐데. 솔직히 자기 주인을 곤경에 빠뜨린 최순실 잘못이지, 대통령이 뭘 잘못했어?"

박근혜-최순실 게이트를 국정 농단이라고 인식하지 않고, 왕을 제대로 모시지 못한 신하의 일탈로 여기는 마음을 읽을 수 있었습니다. 이런 마음은 "박근혜가 불쌍하다"고 말씀하시는 어느 60대 어른의 말씀과 그리 다르지 않습니다. 박근혜가 반인반신 박정희의 딸이기에 공주로 취급받는 것이 당연하다는 생각입니다.

대중이나 언론에서 '어린 시절에 부모를 여의고 온갖 고생을 했는데 안쓰럽지 않느냐', '대통령은 박근혜의 가업이다'라는 논리를 펴는 것은, 민주주의 국가에서 살면서 여전히 '봉건 군주제'의 미신을 그대로 따르고 있다는 것을 반증합니다. 여전히 많은 사람들이 대통령이라고 쓰고, 그것을 왕이라 읽습니다.

대통령 직함에도 왕조시대의 유산이 그대로 남아 있습니다. 대통령이 된다는 것을 '대권大權'이라 표현하고, 대통령의 부인을 '영부인', 자식을 '영식'이라고 합니다. 모두 대통령의 위치와 역할을 왕조시대 사고 그대로 바라보는 우리의 심리와 행동을 잘 나타내는 말입니다.

노무현은 이러한 인식을 바꾸기 위해 그 나름대로 혁명적 시도를 했지요. 안타깝게도 국민과 당시 야당 정치 지도자들은 권위주의에서 자유로워지려는 그의 노력을 정치적 술책이라며 거부하거나 심지어 놀림의 대상으로 삼았습니다. 국민은 백성과 어울리려는 왕을 무시하고 괴롭힘으로써 자기 삶의 고통과 피해의식을 보상받으려는 듯한 심리를 보였지요.

문재인의 이미지 분석 결과는 구국의 영웅을 바라는 한편, 왕이 아닌 일반 백성과 같은 어떤 사람이 구세주로 등장하기를

어떤 정치인을 완벽한 지도자로 본다는 것은
그가 '왜 대통령이 되어야 하는지' 묻지 않았음을 의미합니다.

바라는 대중의 마음을 잘 보여줍니다. 논리적이거나 합리적인 욕망으로 보이지는 않지만, 이것이 지금 문재인을 바라보는 대중의 솔직한 마음입니다. 욕망은 논리성이나 합리성과는 상관없이 여러 개의 얼굴을 하고 우리 마음속에서 자라납니다.

사람들이 문재인에게 기대하는 것들

문재인은 자신이 대중에게 보여준 품성을 바탕으로 이 나라에서 새로운 정치적 실험을 해야 하는 운명에 처해 있습니다. 그의 세분화된 이미지는 대중의 기대감과 지지도에 따라 위인, 보통 사람, 야당의 계파 리더로 나타납니다.

문재인을 '위인'으로 보는 대중의 욕망은 실제로 그가 어떤 사람인지보다 위인전 속 인물처럼 영웅적인 사람이었으면 좋겠다는 바람입니다. 즉 문재인이 위인전 속 인물이기를 기대합니다. 대통령 후보를 위인으로 보는 것은 후보자나 지지자 입장에서 더 이상 바랄 것이 없는 상황이지만, 이는 대중이 스스로를 속이는 일이기도 합니다. 왜냐하면 어떤 정치인을 완벽한 지도자로 본다는 것은 곧 그가 '왜 대통령이 되어야 하는지' 묻지 않았음을 의미하기 때문입니다. 그냥 훌륭하니까 무조건 선택하는 마음이지요. 이건 과거에 박근혜를 지지하는 사람들이 보여준 마음과 똑같습니다. 이런 마음이라면 후보를 검증할 수도, 대통령이 된 이후 공약 시행을 강하게 요청할 수도 없습니다. 대중은

문재인 이미지 관계도

	인격의 구세주(예수)		
"문재인은 이렇다"	위인(훌륭한 인물)	(양심적인) 보통 사람	야당 계파 보스
	이상적이고 우상화된 인물.	양심적이고 평범한 보통 사람 행보 속의 캡틴 코리아.	나름의 정치 세력이나 돌출적인 독자 이미지를 만든 정치인.
	↕	↕	↕
	선지자의 등장을 갈망하게 만드는 혼군(昏君).	특유의 공격력과 추진력으로 존재감을 부각시키는 사람.	법이나 규범, 제도가 문제를 무조건 해결한다고 주장하는 리더.
"문재인은 이렇지 않다"	무능한 독재자 (박근혜와 부역자)	(비양심적인) 대단한 사람 (최순실, 김진태, 홍준표)	글로벌 행동가 (반기문 + 이재명)
	망나니 지시자		

대중은 대선 후보에 대한
기대와 욕망을 분명히 드러내야 합니다.
절대 그의 자비심에 기대면 안 됩니다.

대선 후보에 대한 기대와 욕망을 분명히 드러내야 합니다. 나아가 대선 후보가 자신의 시대적 소명이 무엇인지 잘 의식해 실현하도록 요청해야 합니다. 절대 그의 자비심에 기대면 안 됩니다.

문재인의 '보통 사람' 이미지는 그를 우리 주위에서 쉽게 볼 수 있는 괜찮은 정치인, 인간적이고 현실적인 정치 활동을 하는 인물로 보는 것입니다. 이런 이미지는 대통령을 특별한 인간이 아니라 편안한 이웃집 아저씨 같은 사람으로 여기고 싶은 마음을 나타냅니다. 하지만 그 아저씨는 내가 생각하는 수준 이상의 엄청난 능력을 갖추고 있어야 합니다. 나라에 개혁할 문제가 쌓여 있고 바꿀 것도 많다고 느낄 때는 마음이 답답해지기 때문입니다. 5년 이내에 급히 어떤 성과를 기대하는 국민이라면 그에게 실망할 가능성이 큽니다. 문재인을 이 이미지로 보는 대중은 양심적이고 평범한 보통 사람이 지도자가 되어야 한다고 믿습니다. 이 경우 문재인은 과거에 자신을 영웅처럼 포장하려 한 지도자와 다른 행보를 보여야 하는데, 이는 그가 처한 역설적 상황입니다. 대중이 그에게 영웅 같은 역할을 해주길 기대하는 시대적 상황에서 그의 행보는 '양심적인 보통 사람'이어야 하기 때문입니다.

문재인에게는 '야당의 계파 리더'라는 부정적 이미지도 있습니다. 이는 3김 시대의 거물 정치인이던 김대중이나 김영삼처럼 권위적 이미지의 정치인을 의미합니다. 박정희 시대를 거친 사람들에게 야당의 계파 리더란 대통령이 되려는 사람을 뜻합니다. 이는 김대중·김영삼과 더불어 정동영, 손학규, 안철수, 유승민 등 전형적인 정치인의 이미지이기도 합니다. 여야를 불문하고 정치인은 국민을 위한 무언가가 아니라 자기 계파와 집단을 만들어 자기 정치를 하는 사람들입니다. 하지만 이들은 '국민만을 위해', '국민의 뜻에 따라', '적절하고 필요한 조치' 같은 당연한 말을 잘 사용합니다.

사람들은 대통령 후보 문재인에게 '자기 정체성을 정확히 어필하면서 대중의 기대를 실현시킬 수 있다는 의지를 분명하게 드러내는 전략'을 기대합니다. 그러려면 사람들의 마음속에 자리 잡은 '위인', '보통 사람', '야당의 계파 리더' 이미지를 반드시 참고해야 합니다. 그렇지 않으면 사람들은 자신이 원하는 무언가를 실현할 수 없을 거라고 생각하며 의구심을 품습니다.

문재인의 딜레마, 어떻게 기대를 충족시킬까

문재인은 자신이 원치 않더라도 점점 박근혜가 대선 후보 시절 보인 행동과 유사한 모습을 보일 수도 있습니다. 이 나라를 어떤 방향으로 이끌어갈지 분명하게 얘기하지 않고 단지 공격으로부터 끊임없이 자신을 방어하는 모습을 보인다는 얘기입니다. 그러다가 개혁을 부르짖는 정치인의 공격 대상이 되고 말지요. 이것이 이어지면 그의 지지자들조차 지금과 다른 큰 변화를 기대할 수 없다고 생각하게 됩니다.

현재 문재인을 바라보는 대중의 이미지가 구세주를 바라는 마음을 반영한다면, 우리가 걱정해야 하는 것은 그가 대통령이 될지 말지의 문제가 아닙니다. 대통령이 된 이후 그가 어떻게 대중의 기대를 충족시킬 수 있을까를 더 고민해야 합니다. 그렇지 않으면 그의 이미지는 2009년 박근혜 이미지가 2015년에 극적으로 변한 것과 같은 상황을 맞을 수도 있습니다.

우리는 이미 박근혜를 바라보는 사람들의 생각이 극적으로 변화했다는 것을 목격했습니다. 대중이 어떤 인물을 바라보는 마음은 언제든 바뀔 수 있습니다. 누구도 자유로울 수 없으며, 이는 문재인에게도 그대로 적용됩니다.

'위인'이자 '보통 사람' 그리고 '야당의 계파 리더' 문재인이 대통령 역할을 하는 순간부터 그는 대중에게 심판의 대상이 됩니다. 그가 '구세주'로서 대중의 욕망을 잘 파악하고, 위임한 임무를 잘 실행한다면 아무 문제가 없을 것입니다.

대중은 자신들이 기대하는 시간 내에 다양한 욕망을 충족하는 기적을 보여주기를 바랍니다. 하지만 그는 구세주이자 '보통 사람'이기에 죽은 사람을 살리고, 물 위를 걷고, 빵 몇 개와

물고기 몇 마리로 수천 명을 먹여 살리는 기적을 행할 수 없습니다. 사람들은 예수의 기적까지는 아니더라도, 교황 수준의 파격적인 행보와 새로운 시대에 대한 기대를 충족해주기를 바랍니다.

이런 기대를 충족시켜줄 수 없을 때, 현재 상태에서 큰 변화를 이루어내지 못한다고 생각할 때, 그를 바라보는 대중의 마음은 점점 의구심으로 바뀝니다. 그가 '국가 대계를 바로 세우는 보통 사람'에서 그냥 '보통 사람'이라고 느끼는 순간 대중은 그를 무시하게 됩니다. '대통령이라는 사람이 대통령 급이나 격에 맞지 않다, 그런 능력이 없다'는 비난의 대상이 되기 쉽습니다.

문재인 시대에 어떤 정치가 이뤄질지는 노태우 정부 시절을 연상하면 쉽게 이해할 수 있습니다. 당시 노태우 정부는 야당과 국민이 쏟아내는 광주 학살 진상 규명과 5공 비리 청산 압력에 소극적인 모습을 보였습니다. 청산은 하되, 물에 물 탄 듯 진행한 것입니다. 그 모습이 문재인 시대에 재연될 수도 있습니다.

어떤 사람들은 가장 최근에 실망한 대통령에 비유해 그를 '남자 박근혜'라고 공격할 지도 모릅니다. 자신의 뚜렷한 메시지나 캐릭터를 보여주지 못하는 경우, 비선 실세든 노출 실세든 또다시 실세 논란도 불거질 수 있습니다.

문재인을 위한 전략: 권력 3분지계

대중은 문재인에게 무슨 욕망을 투사했을까요? 위인, 보통 사람, 야당의 계파 리더라는 이미지 속에 담긴 대중의 욕망은 그가 어떤 대통령이 되어야 하는지를 알려줍니다. 계파 리더나 보통 사람의 경우 문재인은 '노무현의 친구' 정도에 불과합니다. 이때 그는 결코 위인이 아니지요. 대중의 욕망은 그가 위인이기를 바라고, 그가 위인이 될 만한 일을 해주길 기대하는 것입니다. 그 일은 구세주의 역할로, 자신을 희생하는 족적을 남길 때 그는 비로소 위인이 됩니다.

결코 대통령이 될 가능성이 없다고 믿었던 트럼프가 대통령이 되자 정치 평론가들의 논평은 그야말로 궁색했습니다. 그들은 '위대한 미국Great America'을 기대하는 하층 백인의 반란표가 트럼프에게 몰렸다고 했지요. 이 논평은 사실 그 자체보다 미국인이 트럼프를 통해 어떤 욕망을 충족하려 했는지를 더 잘 보여줍니다.

미국인이 위대한 미국을 위해 트럼프를 대통령으로 선택했을 때, 그들이 마음속에 그린 영웅은 '캡틴 아메리카'입니다. 캡틴 아메리카는 영화 〈어벤저스〉에 나오는 리더 격 캐릭터입니다. 미국을 지키기 위해 적과 싸우는 그는 혼자 영웅이 되는 것이 아니라 각기 다른 능력을 갖춘 캐릭터와 함께 나라를 구하는 임무

문재인이 활용할 수 있는 구세주 이미지는
자기희생적인 모습이나
겸손한 캡틴 코리아 캐릭터를 구현하는 것입니다.

를 수행합니다.

정권 교체가 위기에 빠진 나라를 구하는 일처럼 되어버린 이 정국에서 문재인이 활용할 수 있는 구세주 이미지는 자기희생적인 모습이나 겸손한 캡틴 코리아 캐릭터를 구현하는 것입니다. 향후 대한민국 리더십은 캡틴 코리아 형태로 이뤄진다는 프레임을 분명히 제시하는 것이지요. 왜냐하면 사람들은 문재인에게 처음부터 캡틴 코리아의 마음으로 자신을 보완할 멤버를 설정하기를 기대하기 때문입니다.

민주당 내의 유력 대선 후보는 문재인, 이재명, 안희정입니다. 문재인은 이들과 경쟁해 후보가 되는 전략이 아니라 세 명이 권력을 공유하는 '권력 3분지계' 전략을 써야 합니다. 문재인이 이재명과 안희정을 적재적소에 배치해 자신이 인재를 제대로 등용하고 활용할 수 있음을 보여주면 완벽한 캡틴 코리아가 가능합니다. 이 전략은 문재인에게 민주당의 경선 후보가 아니라 대선 후보처럼 행동할 여지를 안겨줍니다. 나아가 통합과 협력이라는 자신의 정체성을 선거 전략으로 각인하는 효과도 누릴 수 있습니다. 이는 연정 운운하며 믿기 어려운 통합을 제시하는 것보다 훨씬 현명한 전략입니다. 권력을 나눠 국민을 책임지고 자기 역할을 잘 수행하려는 모습이니까요.

탄핵 정국에서 대중의 관심을 끈 이재명, 반기문의 대선 출마 포기 이후 대중의 마음을 사로잡은 안희정 모두 뛰어난 능력을 갖추고 있습니다. 이재명과 안희정이 어떤 일을 할 수 있느냐 없느냐는 중요치 않습니다. 그저 문재인 혼자 완성할 수 없는 구원의 이미지, 능력 있는 지도자의 이미지를 이들과 함께 보완하는 것으로 대중의 바람은 충족될 수 있습니다. 이는 국정 운영의 기반이자 동력이 되리라고 생각하게 만드는 기폭제가 됩니다. 참신하고 품격이 있으며 강한 열정으로 세상을 바꾸려 하는 인물들이 캡틴 코리아의 대의 아래 모여든다면 사람들은 비로소 안정감을 느낄 것입니다.

박근혜를 '사생활이 복잡하지 않고 인간에 대한 기본 예의가 있으며 경박스럽지 않은 로열패밀리'로 보고 지지한 많은 사람이 '속았다'고 느끼면서 좀 더 품격 있고 인간적인 사람을 원하고 있습니다. 그 갈급함이 문재인을 향한 기대로 나타나는 것입니다.

대중은 구세주나 구국의 영웅 같은 한 인물이 자신의 욕망을 실현해주길 기대합니다. 그러나 한 사람이 기적적으로 그것을 이룰 수 없을 때 캡틴의 역할을 수행하는 방식도 있습니다. 이는 '보통 사람'이 '위인'이 되는 길입니다. 이재명, 안희정과 함께라면 문재인은 완벽하게 자기 포지션을 찾을 수 있습니다. 여러 명의 영웅을 모아 적을 물리치는 캡틴이 되는 것입니다. 문재인이 이재명, 안희정과 함께하는 권력의 3분지계 전략은 민주당의 기본 대선 전략으로 발전할 수도 있습니다.

현재 이재명과 안희정 모두 문재인과 뚜렷하게 경쟁하거나 대척점에 있는 이미지가 아닙니다. 문재인이 민주당의 후보 경선에서부터 '권력 3분지계'라는 그림을 뚜렷이 보여줄 때, 그는 자신의 능력을 의심하는 대중의 마음을 잡을 것입니다.

어떤 욕망의 지도를 따르는가

사람들은 벌써 대선 이후의 상황을 두려워합니다. 박근혜, 최순실 같은 인간이 우글거리는 여권을 더 이상 참을 수 없긴 하지만, 한편으로 탄핵 정국 이후 야당을 대표하는 민주당도 그리 신뢰하기 어렵기 때문입니다. 단지 정권 교체의 대안 세력이라 믿기에 40퍼센트 넘게 지지하는 것뿐입니다.

대중이 문재인에게 캡틴 코리아의 욕망을 투사하는 마음 그 밑바탕에 87년 대선에서 있었던 야당 정치인들의 분열과 그에 따른 불신이 빚어낸 불안이 있습니다. 당시 야권이 김대중과 김영삼으로 분열되지 않았다면 노태우가 대통령이 되지는 않았을 겁니다. 이는 누구나 아는 상식이지만 그때나 지금이나 야당 지도자들은 그러한 상식조차 따르지 않았습니다.

대중이 문재인에게 캡틴 코리아의 욕망을 투사하는 마음
그 밑바탕에 87년 대선에서 있었던 야당 정치인들의 분열과
그에 따른 불신이 빚어낸 불안이 있습니다.

문재인의 이미지 분석으로 우리가 기대하는 것은 그가 캡틴 코리아 전략으로 대중의 욕망을 잘 구현하는 일입니다. 보통 사람 문재인의 경우, 《삼국지》에서 유비가 왜 영웅이 되었는지 알면 캡틴 코리아로서 자기 역할을 더 잘 찾아낼 겁니다. 노무현과 다른 문재인만의 인재 활용 능력을 부각시킬 수도 있지요.

문재인, 이재명, 안희정은 아직 대립각을 세우고 있지 않습니다. 그렇지만 야권 분열 가능성은 여전히 존재합니다. 그 대표적인 인물이 안철수입니다. 흥미롭게도 대중은 국민의당을 야당으로 인정하지 않는 마음을 뚜렷이 보여주고 있습니다. 탄핵 정국 속에서 국민의당 지지율이 오르지 않는 것이 그 분명한 증거입니다.

대중 정치인은 기본 전제와 한계를 먼저 인정하고 안정된 권력 선점 전략을 세워야 합니다. 이들은 보통 자신의 이미지가 무엇이든 그것을 대중에게 뚜렷이 각인해 정치판을 바꾸기를 희망합니다. 하지만 그것은 '무작정 좋은 것'이나 '당연한 것'을 통해 이뤄지지 않습니다. 자신에게 맞는 이미지가 무엇인지 알고 그것을 뚜렷이 부각시킬 때, 나아가 그 이미지가 대중의 욕망을 충분히 반영할 것일 때 정치판에서 의미 있는 위치를 차지할 수

있습니다. 이것이 정치인의 역할이자 존재 이유입니다. 그들이 잘나서가 아니라 대중이 그들을 통해 자기 욕망을 채울 수 있으리라는 희망과 기대를 품기 때문입니다.

그렇다면 문재인은 자신을 향한 기대가 실망으로 급격히 돌아서지 않게 하기 위해 어떻게 해야 할까요?

첫째, 대중이 기대하는, 아니 문재인을 통해 충족시키려 하는 업적과 기대를 분명히 파악하고 그것을 언제까지 어떤 형태로 이룰지 밝혀야 합니다. 한마디로 기대와 희망의 규모를 완화해야 합니다. 나아가 자신의 역할을 잘하기 위해 국민이 그의 부족함을 도울 수 있는 기반을 마련해야 합니다. 이는 진심 어린 경청에서 시작해야겠지요.

둘째, 현재 자신과 경쟁하는 정치인을 동반자로 보고 자신이 잘하지 못하는 역할을 내줘야 합니다. 거창하게 다른 당과의 연정이나 연합이 아니라 같은 당에서 문재인을 꺾기 위해 나서는 정치인, 특히 자신과 뚜렷하게 차별화된 이미지로 의미 있는 역할을 하는 정치인을 키워야 합니다. 그리고 그들에게 잘 맞는 역할을 내줘야 합니다.

이것은 향후 특정 이미지의 후보가 대통령이 되었을 때 그가 어떤 역할을 해야 하는지, 어떤 방식으로 대중의 욕망을 구현해야 하는지 가르쳐줍니다. 그 욕망을 충족시키지 못하면 그는 현재 대중이 기대하는 이미지가 아닌 그 대척점 이미지로 보일 수 있습니다. 물론 대통령이 된 이후 완전히 새로운 이미지를 창출하는 것도 가능합니다. 현재의 자기 이미지를 뛰어넘는 것이지요. 그러나 이는 생각만큼 쉽지 않습니다.

문재인의 성공 여부는 그가 대중의 기대와 희망을 얼마나 뚜렷하게 드러내느냐에 달려 있습니다. 만일 그 기대가 이뤄지지 않으면 그를 향한 대중의 욕망은 순식간에 사라집니다. 나아가 과거에 '문재인은 이렇지 않다'라고 믿었던 이미지로 그를 인식합니다.

대중이 어떤 마음으로 또는 어떤 욕망을 충족시키기 위해 문재인을 지지하는지 아는 것도 그 세부 이미지를 확인하는 것에서 출발합니다. 그가 지지자의 욕망을 실현하는 것은 어떤 이미지를 구현하는가에 달려 있습니다. 만일 그가 대중의 욕망을 잘 구현하지 못하면 그의 이미지는 달라질 것입니다.

2장

뽑았던 사람들

우리는 왜 그들을 뽑았는가

희생을 요구하는 나라

흔히 지도자는 시대적 소명을 타고난 사람이라고 말합니다. 흥미로운 것은 박근혜, 이명박, 노무현 모두 그랬다는 사실입니다. 박근혜의 시대적 소명은 아버지 박정희 신화의 부활이었습니다. 이명박의 시대적 소명은 수단과 방법을 가리지 않고 돈을 벌어 번듯하게 성공한 모습을 보이는 것이었지요. 소위 '농경시대'에 출생한 사회 하층민이 '산업시대'를 거치면서 상층부로 진입하는 신분 상승 신화를 구현하는 것입니다. 노무현의 소명은 억울하게 핍박받은 사람들이 번듯한 배경이 없어도 '할 말은 하고 사는 시대', '부정과 반칙이 없는 시대', '인간다움을 느낄 수 있는 시대'를 일구는 것이었지요.

DJ 시절에는 누가 말하지 않아도 외환위기로 피폐해진 나라를 구해내고 정상화해야 한다는 뚜렷한 소명이 있었습니다. YS 정권 말에 일어난 외환위기는 사실 나라에 돈이 없어서가 아니라 외환 관리를 잘못한 데 그 원인이 있습니다.

국가가 보유한 달러가 없다는 것이 드러나면서 외환위기 사태가 벌어진 것인데 정부는 그 사실을 있는 그대로 발표하지 않았습니다. 오히려 국민이 흥청망청 샴페인을 너무 일찍 터트렸다며 국민 탓으로 돌렸습니다.

안타깝게도 일반 국민은 이런 상황을 잘 모릅니다. 오죽하면 금 모으기 운동을 했겠습니까? 그것도 자발적으로 말입니다. 사람들은 금 모으기가 어떤 도움을 주는지 묻지도 않았습니다. 물론 금을 팔면 달러를 벌어들일 수 있었지요. 비록 큰돈은 아니었으나 대내외에 '보여주기'로는 의미가 있었습니다.

어떤 사람은 금 모으기 운동을 일제 강점기의 국채보상운동에 비유하기도 했습니다. 국채보상운동은 조선 왕실이 궁핍한 경제 상황을 모면하려다 생겨난 문제를 대중이 자발적으로 참여해 해결해주려 한 활동입니다.

흥미롭게도 사람들은 왜 당시에 조선 왕실이 그토록 큰 국채를 발행했는지는 묻지 않습니다. 일본에 외교권을 넘긴 조선 왕실은 쓸 돈이 부족해지자 국채를 발행했습니다. 왕실에서 쓸 비용이 부족하다고 하니까 국채를 발행하면 일본은행에서 돈을 주겠다고 한 것입니다. 그렇게 돈을 빌린 조선 왕실은 국민에게 일본에 부채가 많아 경제적으로 독립하지 못한다고 내세웠지요. 그렇게 백성의 푼돈으로 윤택한 살림살이를 유지하려 한 왕실은 당시 나라를 일본에 넘겨주는 조건으로 왕실 보전을 보장받았습니다. 즉 국채보상운동은 조선 왕실의 빚을 갚기 위한 활동이었을 뿐, 조선 왕실의 변화나 국가적 문제를 정확히 인식해서 벌인 일은 아닙니다.

자기 나라 왕실을 지키려는 의도에서 벌인 운동 자체가 나쁜 것은 아니지만, 이로 인해 대중은 자신이 직면한 문제를 제대로 볼 기회를 잃었습니다.

당시 백성에게 진짜 문제를 제대로 알리거나 해법을 찾도록 독려하기보다 겉으로 드러난 문제를 해결하면 된다는 그릇된 인식을 하게 만든 것이지요. 누가 그렇게 한 것일까요? 바로 기득권 세력입니다.

지금도 이 땅에서는 기득권이 자신의 잘못을 인식하고 해결하려 하기보다 대중의 희생을 요구하는 문제 해결 사례가 반복적으로 일어나고 있습니다. 이들은 문제를 제대로 바라보고 해법을 강구하기보다 나라를 생각하는 척 우국지사 흉내를 냅니다. 그런 의미에서 금 모으기 운동을 국채보상운동에 비유하는 것이 틀린 말이 아닙니다. 누군가의 눈에는 '순수한 애국심'의 발현으로 보이겠지만, 제 눈에는 '애국심을 앞세운 진실 왜곡과 눈

가리기'로 보입니다. 이로 인해 우리는 지금까지도 '이게 나라냐' 하는 자괴감을 느끼며 살아가는 것입니다.

그토록 야성적이던 노무현은 왜 나약해졌을까

한국 사회에 리더라기보다 평범한 국민의 한 사람으로 남고자 한 지도자가 있습니다. 살아 있는 동안, 아니 대통령 직에 있는 동안 대중은 그를 지도자로 보려고 하지도 않았지만 세상을 떠난 뒤 가장 존경받는 대통령이 된 정치인이 있습니다. 바로 노무현입니다. 그는 한국 현대사에서 대중의 마음속에 뚜렷한 이미지로 남은 두 명의 대통령 중 한 사람입니다. 나머지 한 인물은 바로 박정희입니다. 그의 딸 박근혜가 국민의 지탄을 받을 때 노무현은 마치 부활하듯 더욱더 되살아났습니다. 이것은 2017년 대한민국 대통령 선거에서 대중의 선택을 좌우할 가장 큰 요소이기도 합니다.

청와대에 들어가기 전, 그토록 야성적이던 노무현은 왜 청와대에 가서 눈에 띄게 나약해졌을까요? 노무현은 야성적인 이미지로 국민에게 큰 호응을 얻었습니다. 호응에 힘입어 집권한 노무현은, 그 야성적인 이미지 그대로 이렇게 말했습니다.

"나는 검찰, 국세청, 경찰, 국정원의 힘을 빌리지 않고 국가

대중은 '내가 바라던 대통령의 이미지와 다르다'며
그에게 이런 요구를 했습니다.
'대통령으로서 권위와 품위를 갖춰야 한다.'

를 통치하겠다!"

검찰 개혁을 외치며 검사와 토론을 벌이고, '권력을 나누겠다, 대통령으로서 권력을 행사하지 않겠다'고 나선 것입니다. 그런데 대통령이 된 뒤 대중은 '내가 바라던 대통령의 이미지와 다르다'며 그에게 이런 요구를 했습니다.

'대통령으로서 권위와 품위를 갖춰야 한다.'

이 말은 야성적이던 노무현의 정체성을 희석하는 결과를 낳았습니다. 그는 언제나 비장한 각오로 '대연정'이나 '조기 사퇴' 등을 제안했지만 사람들은 그의 제안에 '대통령답지 않다'며 싸늘하게 반응했습니다. 취임 직후만 해도 대한민국을 바꿀 새로운 희망이자 참신한 인물로 여겨지던 노무현은 퇴임 무렵 경제 불황, 부동산 가격 폭등 뿐 아니라 이 나라에서 벌어지는 모든 문제의 주범이 되고 말았습니다.

좋은 대통령이 나쁜 대통령으로 변하는 것은 순식간입니다. 대중이 품고 있는 정치인에 대한 이미지는 그 변화를 가능하게 하는 강력한 원인입니다.

물론 노무현에게는 다른 딜레마도 있었습니다. 적이 분명할 때, 무엇이 정의인지 고민할 필요가 없습니다. 그런데 적이 희미하고 모호해지면 무엇이 정의인지, 그것을 정말 정의라고 할 수 있는지 판단하기 어렵습니다. 이럴 때는 생각지도 못한 실수를 저지르기도 합니다.

내가 피지배자로서 압박을 받는 입장이면 권력을 가진 자, 나를 압박하는 자를 정의에 반하는 존재로 규정하고 공격할 수 있습니다. 노무현이 노동운동을 할 때나 야당 지도자일 때는 권력자를 정의에 반하는 존재로 규정하고 공격하는 데 아무런 어려움이 없었습니다. 그런데 스스로 권력을 쥐자 무엇이 정의인지 판단하기가 힘들어진 것입니다. 적이라고 생각하던 자리에 자신이 올라갔으니까요. 그래서 노무현 시절에 가장 많이 받은 공격이 이것입니다.

"좌회전 깜박이를 켜고 우회전을 한다."

이명박 다음에 박근혜를 뽑은 이유

이명박이 당선되었을 때, 사람들은 이명박이라는 인물을 뽑은 게 아니라 개인의 욕망에 충실한 것입니다. 즉 '잘살고 싶다, 성공하고 싶다'는 욕망을 뚜렷이 드러낸 것이지요. 노무현은 민주주의, 언론의 자유, 표현의 자유, 공권력 최소화 같은 '민주적인 정치'를 주창했습니다. 그런데 아쉽게도 이 부분이 국민에게 이명박이 집권 초기에 정말 잘한 게 있습니다.
어떤 면에서 잘했느냐 하면 자기한테 아주 잘했습니다.

는 무기력한 대통령, 무능한 대통령이라는 느낌으로 다가갔고 그 반작용으로 등장한 인물이 이명박입니다.

이명박을 지지한 사람들은 '성공한 CEO'나 '대기업 임원'의 이미지, 즉 힘 있고 능력 있는 이미지를 원했습니다. 기업을 성공시켜 직원을 먹여 살리듯 나라를 부강하게 만들어 국민을 먹여 살릴 수 있을 거라 생각했던 것이지요. 그런데 기업에 속한 사장이나 임원들은 보통 회사 내부에서는 권위적으로 행동하지만, 외부인을 만나면 굉장히 겸손합니다.

그래서인지 이명박이 집권 초기에 정말 잘한 게 있습니다. 어떤 면에서 잘했느냐 하면 자기한테 아주 잘했습니다. 무엇보다 각종 언론사 사장을 몽땅 교체해 자기편으로 만들었습니다. 사내에서 권위적으로 행동하며 여론을 단속하듯, 언론사를 단속한 것입니다. 그래놓고 바깥으로는 매주 라디오 대담도 하고 기자회견도 자주하면서 '소통'을 잘하는 대통령처럼 굴었습니다.

이명박이 대중에게 보인 대통령 이미지 전략은 남대문시장에 찾아가 500원짜리 어묵을 먹는 것 같은 '쇼잉'입니다. 이런 행동을 주위 사람이나 대중과의 소통이라고 생각한 것입니다.

더 이상 없어 보이는 이명박처럼 되기는 싫으니
있어 보이는 박근혜를 찍어준 것이지요.

왜 우리는 이명박 다음에 박근혜를 뽑았을까요? 지금 보면 비슷한 족속인데 말이지요? 당시 이명박에 대한 대중의 심리는 이랬습니다.

"저 사람은 천박해서 잔머리나 굴릴 뿐이야. 아무리 돈을 많이 벌어도 우리를 번듯하고 멋있는 사람으로 만들어주지 못해."

이명박이 아무리 폼을 잡아도 '없어' 보였던 겁니다. 그런데 박근혜를 딱 보니 집안이 아주 번듯합니다. 어떤 사람을 대통령으로 뽑으면 마치 내가 그렇게 된 것 같은 느낌을 받는 심리가 박근혜에게 투사된 것이지요. 우리는 없어 보이는 이명박을 뽑아놓고 그 없어 보이는 사람한테 사기까지 당하니까 무척 화가 난 것입니다. 어찌 보면 과거로 돌아가는 더 잘못된 선택인데도 불구하고 박근혜를 선택한 이유는 박근혜가 있어 보여서 그런 겁니다. 더 이상 없어 보이는 이명박처럼 되기는 싫으니 있어 보이는 박근혜를 찍어준 것이지요.

우리가 박근혜를 대통령으로 뽑은 심리는 이렇습니다.

"청와대가 자기 집이었고 아버지가 대통령이었으니 얼마나 대통령 일을 잘하겠어."

천천히 집요하게

정치를 잘하는지는 몰라도 품위는 있어 보이는 그녀가 알고 보니 꼭두각시였습니다. 천박하고 돈만 밝히는 이명박을 뒤로하고 품위 있어 보이는 공주를 뽑아놨더니 아무 것도 할 줄 모르는 얼굴마담이었고, 그 뒤에는 이명박에 버금가는 돈벌레가 있었던 것입니다.

지금은 온갖 물증이 넘쳐나는 상황에서도 천연덕스럽게 거짓말을 합니다. 일반 국민 같으면 당연히 처벌을 받을 일을 저지르고도 아무렇지 않게 버티면서 말이지요. 이렇게 뻔뻔하게 거짓말을 하는 사람에게 질리면 자연스럽게 어떤 사람을 찾느냐 하면, 품위 있게 무언가를 잘할 것 같은 사람입니다. 그러다 보니 국민이 이 작은 나라가 아니라 세계를 다스린 세계 대통령에게 관심을 보인 것입니다. 정치에 관심이 없을수록 더 자연스럽게 그런 사람에게 관심을 보이지요. 그래서 뜬금없이 반기문이 등장한 것입니다.

박근혜가 대통령이 되었다는 것은 그들을 찍은 사람이 다수였다는 의미고, 최순실 사태로 민심이 들끓은 것은 찍었지만 마음이 돌아섰다는 뜻입니다. 그들이 처음부터 반대한 것이 아닙니다. 그들의 마음은 이명박에게 실망하고 우아한 박근혜에게로, 또다시 박근혜에게 실망하고 세계 대통령 자리에 있던 반기

40년 적폐를 없애려면
'40년 적폐'라고 부르는 것의 정체가 무엇인지
정확히 알아야 합니다.

문에게로 흐른 것입니다.

이러한 프레임은 깨뜨려야 합니다. 대통령을 뽑는다는 것은 결코 인물의 문제가 아닙니다. 우리는 이 시대의 소명이 무엇인지 알아야 합니다. 지금 시대적 소명은 단순히 지난 9년의 적폐가 아닙니다. 대한민국이 박정희 정권 이후 바뀌었습니까? 박정희 정권 18년, 그다음 전두환 7년, 노태우 5년 해서 합하면 모두 40년입니다. 그 40년을 YS, DJ, 노무현 15년 동안 바꿔놓았느냐 하면 그렇지 않습니다. 그렇게 15년을 노력했어도 바꾸지 못하니까 결국 이명박과 박근혜가 들어선 것입니다.

40년 적폐를 없애려면 '40년 적폐'라고 부르는 것의 정체가 무엇인지 정확히 알아야 합니다. 또 누가 되든 모든 문제를 단박에 해결할 수 있을 거라는 단순한 기대는 하지 말아야 합니다. 천천히 집요하게, 청산 절차를 밟아나가야 합니다.

그걸 잘할 수 있는 사람이 누구일까요? 지난 세월 동안 이 나라에서 누릴 것 다 누린 사람들이 그걸 잘할까요? 아니면 다는 아니고 어느 정도 누려 조금 아쉬움이 남은 사람들이 잘할까요? 그것도 아니면 완전히 새로운 세상을 만들려고 하는 사람이 잘할까요?

가끔 지난 세월을 돌아보며 '그는 왜 등장했을까?' 하고 생각해봅니다. 노무현은 왜 등장했을까요? DJ는 왜 등장했을까요? DJ가 대통령에 당선되었을 때, 사람들은 그가 이전의 40년 적폐를 청산할 것으로 기대했습니다. 그런데 DJ는 호남 사람들의 한을 조금 풀어주었을지는 모르지만 적폐 청산에 이르지는 못했습니다.

DJ의 비서실장이 박근혜 최후의 비서실장이 되는 이 놀라운 현상이 많은 것을 증명합니다. 그들이 낮에는 진보니 보수니 따지고 여당이네 야당이네 싸우는 척하다가 밤에는 형님·동생 하면서 지낸다는 것을 온몸으로 보여주고 있지 않습니까? 그래서 저는 여당·야당, 진보·보수 하는 대립구도로 이야기하는 사람들을 보면 '또 사기를 치는군'이라고 생각합니다.

우리의 적, 우리의 대통령

지난 대선 때 문재인, 안철수, 박근혜의 이미지를 분석한 저는 무척 고민스러웠습니다. 누가 대통령이 되어도 상황이 좋지 않을 거라는 결론이 나왔기 때문입니다. 그나마 문재인이 조금 낫게 나왔는데 그도 자기 뜻을 펼치기 힘들다는 것이 결론이었

박근혜를 대통령 직에서 파면한 것만으로
무언가 이뤘다고 생각할 수도 있지만
아직 변한 것은 아무것도 없습니다.

습니다. 물론 박근혜처럼 말도 안 되는 짓을 하지는 않으리라는 것은 알았지요. 그러나 문재인의 돋보이는 인품에도 불구하고 대세는 달라지지 않았을 겁니다.

잠깐 과거 사건을 돌아봅시다. 삼풍백화점이 붕괴된 사건이 일어났을 때 누가 대통령이었죠? 바로 YS입니다. YS 때 지상에서는 무너지고 하늘에서는 떨어지고 다리는 끊어지고 온갖 난리란 난리는 다 났습니다. 돌아보니 그건 이 나라의 정상적인 운영 시스템이 붕괴되고 있음을 알리는 신호탄이었습니다. 그런데 누구도 그것을 알고 싶어 하지 않았지요.

YS는 처음에 하나회를 척결하고 금융실명제를 실시하면서 시스템을 바꾸느라 애를 썼고 사람들은 거기에 열광했습니다. 갑자기 시스템이 바뀌자 좋아지는 줄 알고 환호했는데, 전체 시스템을 고려하지 않고 여기저기 손을 대면서 결국 외환위기가 터지고 말았습니다. 그래도 바꿔야겠기에 DJ가 대통령이 되고 그다음으로 노무현에 이르렀는데 여전히 바꾸지 못했습니다.

박근혜를 대통령직에서 파면한 것만으로 무언가 이뤘다고 생각할 수도 있지만 아직 변한 것은 아무것도 없습니다. 그들은 분명 자신이 쥔 권력, 이익, 돈을 놓치지 않기 위해 수단과 방법을 가리지 않을 것입니다. 이재명과 문재인이 서로 경쟁할 때 그들은 더욱 좋아할 것입니다. 미국 대선을 살펴보면 알 수 있습니다.

버니 샌더스와 힐러리 클린턴이 트럼프의 '이간계'에 넘어갔다는 사람들이 꽤 있습니다. 트럼프가 이간계를 써서 둘이 갈라졌고 거기에 실망한 버니 샌더스 지지자들이 투표하지 않으면서 힐러리가 200만 표나 더 받고도 결국 졌다는 것이지요. 이건 대한민국에서도 똑같이 발생할 수 있는 문제입니다.

종편이나 공중파 언론에 나오는 평론가 또는 전문가가 말하는 빤한 주장, 정치인에 대한 통념적 발언은 이간계의 또 다른 모습입니다. 그들은 보수 대 진보 프레임을 만들어 사람들을 그 속에 가둠으로써 실제 현상을 제대로 못 보도록 만듭니다.

이 싸움의 특성은 적과 아군이 분명하지 않다는 점입니다. 단지 욕망이 강한 자들이 더 강하고 악랄하게 자기주장을 반복적으로 쏟아낼 뿐입니다. 소위 말하는 '이념 프레임'이 잘 작동하는 이유가 여기에 있습니다. 이 싸움의 기본 방식은 내가 아닌 누군가를 좌와 우로, 일제 앞잡이나 종북 좌파로 표현하는 것입니다.

이 싸움에서 이기려면 어떻게 해야 할까요? 무엇보다 우리의 적이 누구인지 분명히 해야 합니다. 내 욕망이 누구에게로 향하는지 분명히 알기만 해도 적과 아군의 구분이 분명해집니다.

자신과 타인을 진보 대 보수로 구분하는 순간,
이번 대선의 성격은 과거와 마찬가지로
빤한 이념 대립의 연장선으로 바뀌어버립니다.

어떻게 싸워야 하는가는 중요치 않습니다. 이 싸움은 마치 게릴라 전법처럼 욕망이 강한 사람이 수단과 방법을 가리지 않고 죽기 살기로 치고 들어오는 일이기 때문입니다.

적이 누구이고 어떤 프레임으로 어떻게 포장하든 싸우는 방법에는 별다른 차이가 없습니다. 누가 내 욕망 충족을 가로막는 적인지 분명히 하는 것이 가장 효과적인 전술과 전략입니다. 이것은 자신의 적을 가장 간단하고도 뚜렷하게 부각시키는 사람이 이기는 싸움입니다.

진보와 보수 논쟁은 또 다른 속임수다

다음 대선을 과거처럼 진보와 보수의 대립 구도로 보면 내 욕망과 연결된 적을 파악하기가 힘듭니다. 자신과 타인을 진보 대 보수로 구분하는 순간, 이번 대선의 성격은 과거와 마찬가지로 빤한 이념 대립의 연장선으로 바뀌어버립니다. 그러면 이 시대에 우리가 해결해야 할 문제가 무엇이고 우리가 어떤 욕망을 충족시키려 하는지 살펴보기 어렵습니다. 단지 정치인들이 자기 욕망을 위해 상대를 단순히 보수나 진보로 생각하게 만듦으로써 대중을 현혹하는 일만 발생합니다.

다음 대선은 그 성격을 진보 대 보수의 대립이 아니라 '이 나라가 이대로 가면 도저히 안 된다'에 초점을 둬야 합니다. 지난 40년의 적폐든 9년의 적폐든 획기적인 변화를 간절히 원하는 집단과 '그냥 이대로 가지 뭐. 지금까지 그럭저럭 살아왔으니 이대로 쭉 갔으면 좋겠다'라고 믿는 집단의 대립으로 규정해야 합니다.

이를 두고 진보 대 보수라고 얘기하는 것은 또 다른 속임수에 넘어가는 일입니다. 익숙했던 것에서 벗어나느라 상당한 고통이 따르더라도 이 사회가 확실히 바뀌어야 한다는 것을 간절히 원하는 집단이 있다면 저는 거기에 합류하겠습니다. 누군가가 '어떻게 싸워야 하느냐'고 묻는다면, 저는 그게 아니라 '어떻게 해야 이기는가'를 물어야 한다고 말하겠습니다. 바로 그 질문을 해야 합니다.

법과 원칙을 지켜가며 싸우자는 사람이 있습니다. 그런데, 이건 하나는 알고 둘은 모르는 얘기입니다. 우리가 싸우는 적이 누구이고, 그들과 싸워서 반드시 이기겠다는 생각만 해도 이길까 말까입니다. 상대는 자신의 이익을 위해 법을 내세우고, 자신의 이익을 지키기 위한 원칙만 수용합니다. 그 집단이 잘 지켜온 법과 원칙이 그렇습니다. 이 나라를 움직이는 권력을 쥔 세력들이 그들만의 리그를 펼치는 거지요.

지금 민주당 안에서는 다음 패권을 놓고 네 명의 대선 후보 진영이 이런저런 논쟁을 벌이고 있습니다. 이들은 확장성이 있느니 없느니, 결정적인 흠이 있느니 없느니 따집니다. 이 말은 노무현이 대통령 후보일 때도 똑같이 나왔던 말입니다. 정동영이 대통령 후보로 나왔을 때는 그런 말이 없었습니다. 문재인이 후보일 때도 마찬가지입니다. 당내 후보가 한 명이었으니까요. 바로 그겁니다.

민주당 안에서 서로 세를 겨루는 후보가 여럿 나왔다면 그것으로 흥행을 일으켜 싸움에서 이길 가장 좋은 길을 찾을 수 있습니다. 이때 자신이 가진 것에 얽매여 미리 계산하느라 '나는 이걸 지킬래' 하는 사람은 적과 싸워 무조건 승리해야 한다고 생각하기보다 실제로는 이런 마음입니다.

"이기면 좋고 져도 내게 떨어지는 떡고물이 있겠지."

이런 자세로 싸우다 지난 대선에서 야당 후보 정동영이 이명박에게, 문재인이 박근혜에게 진 겁니다. 지금 야당 정치인들은 이 부분을 솔직히 인정해야 합니다. 그런데 야당은 그동안 자신들이 시대적 소명에 따라 제 역할을 잘해온 듯 정권 교체만이 살 길이라고 외칩니다. 그들은 분명 새로운 집권 세력으로 등장하겠지만, 저는 이들이 진정 자신의 시대적 소명을 한번이라도 제대로 성찰해보는 염치 정도는 있었으면 합니다.

이제 이 사회를 바꾸기 위해 새롭게 권력을 쥘 야당 정치인이 해야 할 일은 무엇일까요? 먼저 자신들이 과거 여당과 함께 야당 기득권에 안주했음을 반성해야 합니다. 그리고 자신들의 능력을 분명히 자인해야 합니다. 나아가 자신들이 잘나서 권력을 쥔 것이 아니라 여당의 무능과 부패 때문에 떨치고 일어선 국민의 힘으로 그 자리에 올랐음을 잊지 말아야 합니다. 조금은 무능해 보이는 야당이 그래도 제대로 된 리더의 품격을 보여주었으면 하는 마음으로 국민이 권력의 일부를 위임했음을 알아야 합니다. 권력을 쥔 자들이 스스로 환골탈태해야 대한민국의 미래가 바뀔 수 있습니다.

3장

뽑는 사람들

우리는 누구인가

주인과 노예

우리는 지금 어떤 시대를 살고 있습니까? 내가 마주한 문제, 내 삶에서 해결해야 할 문제는 무엇입니까? 나는 현재 상황을 어떻게 인식하고 있습니까? 그리고 나는 누구입니까?

물론 이런 문제를 고민할 필요가 없는 사람도 있습니다. 그 사람은 주인일까요, 아니면 노예일까요? 얼핏 생각하면 '주인'일 것 같지만, 골치 아픈 문제를 고민할 필요한 없는 사람은 바로 '노예'입니다.

노예의 특권은 자기 삶의 문제를 고민할 필요가 없는 것입

돈을 많이 벌면 내가 주인이 될 거라고 믿는 사람도 있지만,
돈이 많은 노예는 부자 노예일 뿐입니다.

니다. 그들은 오직 빵을 위한 돈만 고민합니다. 어느 순간 자신이 돈만 생각하고 있다면 혹시 노예로 살고 있는 것은 아닌지 돌아볼 필요가 있습니다.

더러는 돈을 많이 벌면 내가 주인이 될 거라고 믿는 사람도 있지만, 돈이 많은 노예는 부자 노예일 뿐입니다. 결국 부자 노예는 자신이 부자라고 생각해 기고만장하고, 가난한 노예는 자신의 가난을 '흙수저' 탓으로 돌립니다. 노예가 자신이 노예임을 인정하지 않으면 부잣집 똥개로 일하느냐, 가난한 집 똥개로 일하느냐의 차이를 인정하지 않는 것과 똑같은 상황이 벌어집니다. 이 경우 네 욕망이 무엇이냐고 물으면 한참 고민하다가 이렇게 툭 던집니다.

"에이, 골치 아프게 그런 걸 왜 물어요?"

이들은 자신이 노예로 산다는 것을 인정하지 않습니다. 결혼할 때도 마찬가지입니다. 결혼 적령기에 이르면 보통 '어떤 사람과 결혼할 것인가'를 놓고 많이 고민하지요. 이때 내가 저 사람과 결혼해서 배우자를 주인으로 생각하고 노예로 살겠다고 생각하면 아주 편합니다. 그건 남자든 여자든 마찬가지입니다.

고민은 인간의 특권입니다. 고민하지 않으면 당장은 편할지

몰라도 장기적으로 삶이 힘들어집니다. 특히 지도자를 선출하는 문제에서 '나는 알고 싶지도 생각하고 싶지도 않다'고 하면, 자신이 지지하지 않는 사람을 간접적으로 돕는 셈이 됩니다.

왜 영웅을 바라고 스스로 노예가 되는가

어느 날 한 시민이 제게 이런 질문을 했습니다.

"국민은 왜 자신들이 영웅화, 신격화할 수 있는 정치인을 기대하는 것일까요? 정치인은 국민이 권한을 주고 일을 맡긴 존재에 불과합니다. 기업으로 치면 주주는 국민이고 정치인은 고용된 경영자로서 국민이 시키는 일을 해야 합니다. 그런데 지금까지 그 직원이 주주를 핍박하고 종처럼 부려먹는 상황이 계속 이어져왔습니다. 반면 미국 국민은 다양한 방식으로 정치인에게 자신들이 원하는 정책을 제안합니다. 과거 초원에서 방랑하던 유목민은 영웅을 중심으로 뭉쳐야 산다고 생각한 경우가 많았지만, 왜 민주공화국이라고 하는 대한민국에서 국민의 심리 상태가 어떤 정치인이 영웅처럼 나타나 자기 문제를 속 시원히 일거에 해결해주기를 기대하는 방식으로 흘러가는 걸까요?"

사람들이 영웅 같은 인물이 나타나 자기 문제를 해결해주길 바라는 이유는 자신이 스스로 문제를 해결할 수 없다고 생각

영웅 같은 인물이 나타나 자기 문제를 해결해주길
바라는 이유는 자신이 스스로 문제를 해결할 수 없다고
생각하기 때문입니다.

하기 때문입니다. 그래서 신적인 존재가 나타나 나 대신 문제를 해결해주길 기대하지요. 절대자에게 기대거나 기도하는 이들의 속마음을 읽어보면 이렇습니다.

"무언가 내가 손해를 보고 있는 것 같아. 그런데 이런 생각을 표현하면 뒤통수를 맞거나 위험해질지도 몰라. 눈치껏 행동해서 손해 보지 않는 길을 찾아야 해. 그냥 조용히 있으면서 시키는 대로 하면 되지 않을까?"

한마디로 '굿이나 보고 떡이나 먹자'는 마음이지요. 어쨌든 견딜 수 있을 때까지 견디면서 그냥 시키는 것만 잘하면 웬만큼 지내지 않을까 생각하는 것입니다. 이는 노예나 좀비와 다름없이 살겠다는 마음 자세입니다. 자신이 하는 일과 역할이 무엇인지 스스로 판단하기보다 누군가가 시키는 것을 성실히 수행하는 것이 잘 사는 길이고 옳은 일이라고 믿는 것이지요. 박근혜의 지시라 믿고 충실하게 최순실의 민원을 열심히 처리한 청와대의 안종범과 우병우 같은 인물, 총장의 지시에 따라 부정 입학을 주도한 이대 교수들. 모두 이런 자세로 열심히 일한 사람들이지요. 자기 삶의 주인이 아닌 노예의 마음으로 살면서 잘 산다고 믿은 것입니다.

사실 노예 심리로 살면 굉장히 편합니다. "그다지 머리를 쓸 필요가 없고 크게 괴롭지 않으면 그럭저럭 살아요"라고 말하는 것은 죄다 노예 심리 상태입니다.

노예가 바라는 유일한 것은 대단히 멋진 주인을 만나는 일입니다. 훌륭한 주인을 모시면 자신도 살 만하다고 생각하기 때문입니다. 설령 노예일지라도 주인을 잘 만나 권력을 쥐고 호사를 누리면 자랑스러워합니다. 권문세도가의 집사가 주인의 권력을 믿고 호가호위하는 것과 그리 다르지 않지요. 박근혜 정권에서 널리 회자된 '십상시'나 '문고리 3인방' 같은 용어는 노예 심리를 그대로 반영하고 있습니다.

우리 내면에는 왜 노예 심리가 생기는 것일까요? 무엇보다 몸은 21세기 민주공화국에서 살고 있지만 일상의 사고와 행동이 왕조시대와 다를 바 없기 때문입니다. 정치, 특히 권력을 바라보는 한국인의 의식은 왕조 체제와 일제 강점기에서 100여 년이 흐른 지금까지도 거의 바뀌지 않았습니다. 최소한 그것은 36년 전까지도 존재한 군사독재 시대의 분명한 현실이었습니다. 당시의 기억과 경험은 '네 목소리를 내면 쥐도 새도 모르게 죽는다'는 삶의 지혜로 남았지요. '민주화운동'으로 민주주의가 이 땅에 뿌리내린 지 36년이 지난 지금까지도 대한민국 국민은 시민으로 성장하는 데 필요한 제대로 된 교육과 경험을 누리지 못했습니다. 오히려 일상생활에서 늘 말을 잘 듣는 것, 누구의 명령이나 지시에 복종하고 따르는 것이 곧 착하고 바르게 사는 것이라고 배웠지요.

아무리 주인을 잘 만나더라도 노예는 그저 노예입니다.
여기에서 벗어나려면 항상 자신이 무엇을 위해 사는지
질문하고 깨어 있어야 합니다.

착하고 바르게 사는 것이 결코 나쁜 것은 아닙니다. 그렇지만 윗사람의 지시나 명령에 복종하는 것을 '착한 사람'이나 '바른 행동'으로 규정하면 이는 많은 문제와 갈등을 만들어냅니다. 자신의 삶을 사는 것이 아니라 누군가의 요청에 따라 자신을 버리는 삶을 살기 때문입니다. 이를 두고 보통 '연명하는 삶'이라고 하지요. 아무리 주인을 잘 만나더라도 노예는 그저 노예입니다. 여기에서 벗어나려면 항상 자신이 무엇을 위해 사는지 질문하고 깨어 있어야 합니다.

노예들이 하는 '착하고, 바르고, 큰일'들

깡패 집단의 행동 대원으로 일하든 대통령이나 장관의 보좌관으로 일하든 '착한 일'과 '바른 행동'은 일 그 자체로 정해집니다. 절대적으로 착하고 바른 행동은 없습니다. 구한말 이완용은 총리대신으로 나라를 일본에 넘기기 위해 '착한' 앞잡이 노릇을 하며 열심히 일했습니다. 물론 그가 착하게 행동하지 않았더라도 조선은 일본의 식민지가 되었겠지요. 그렇지만 주요 대신들이 일제의 착한 앞잡이 노릇을 거부했다면 그토록 허망하게 나라가 망하지는 않았을 겁니다.

지금도 이런 일은 비일비재합니다. 예를 들어 박근혜-최순실 게이트로 구속된 사람들이 꼭두각시의 앞잡이 노릇을 착하게 열심히 했다는 것은 꼼꼼히 기록한 수십 권의 업무 노트나 수백 개의 녹음 파일이 증명해줍니다.

외국 자본가 집단이 한국 기업을 탈취하려면 누구의 도움을 받아야 할까요? 착하고 성실하게 시키는 대로 말을 잘 듣는 법무법인의 엘리트 변호사를 고용해야 합니다. 그들의 행위를 나라를 팔아먹은 이완용의 행위와 비교할 수는 없지만, 국제 투자펀드인 론스타가 외환은행을 인수하고 매각하는 과정이나 삼성물산과 제일모직의 인수합병에서 미국계 헤지펀드 엘리엇의 활동에 적극 참여한 사람들의 행동이 이완용과 무엇이 다를지 의문스럽습니다.

최순실의 삼성 삥뜯기 수사 결과는 참으로 경악스럽습니다. 국민연금공단이 국민을 위해서가 아니라 삼성의 후계자를 돕기 위해 움직였다는 사실이 드러났기 때문입니다. 그들은 모두 각자의 입장에서 '착하게' 행동했는데, 이는 노예와 주인의 관계로 일할 때 불거지는 전형적인 문제입니다.

가습기 살균제 사건은 노예 심리로 사는 사람들이 가해자로 변하는 대표적이면서도 가슴 아픈 사건입니다. 옥시싹싹 가습기당번을 만들어 판 옥시레킷벤키저는 2011년 이후 피해자와 시민단체의 고소·고발이 잇따르자 김앤장을 법률 대리인으로 내세웠습니다. 700명이 넘는 변호사를 거느린 국내 최대 규모의 김앤장은 최고의 승소율을 자랑하는 로펌입니다. 사건 초기 김앤장은 정부의 역학조사 결과를 믿기 어렵다며 옥시싹싹 제품의 동물실험을 대학 연구기관에 맡깁니다. 이어 정부와 반대 결과가 나왔다고 주장하며 증거물을 재판부에 제출합니다. 재판부는 이를 근거로 원고, 즉 피해자들에게 옥시와 합의할 것을 종용했지요.

살균자 피해자와 그 가족은 국내 굴지의 김앤장 변호사들과 독성을 확인할 수 없었다는 서울대 교수들의 연구 결과를 뒤집을 방법이 없었습니다. 다행이 이후 국민의 관심이 커지면서 김앤장 변호사들이 대학 연구진에게 연구 결과를 왜곡·조작하도록 요청했다는 자료가 나왔습니다. 그런데 그 변호사들은 처벌받지 않았습니다. 이 사건은 노예가 주인 노릇을 하면서 다른 노예나 맹수를 학살하거나 고문하는 고대 로마의 검투 경기장을 연상하게 합니다.

일반 국민만 노예의 마음으로 사는 것은 아닙니다. 자칭 정의를 위해 싸운다고 주장하는 법률 전문가, 정치인, 고위 공직자 모두 누구를 주인으로 모시느냐에 따라 자신도 모르게 노예 검투사 같은 행동을 자발적으로 합니다.

흔히 정치인과 고위 공직자는 국민을 바라보고 공익을 위

공적인 지위에 있는 사람이
그 지위를 자신의 능력으로 얻었다고 생각하는 순간,
일반 국민이 그를 위해 일하는 상황이 발생합니다.

해 일해야 한다고 말하지요. 그렇지만 고위 공직자 자신은 이렇게 말할 수 있습니다.

"고위 공직자가 되려면 열심히 공부해서 시험에 합격해야 하고 이후에는 승진을 위해 엄청나게 고생해야 한다. 비록 고생은 했지만 내가 잘나서 여기까지 올라왔으니 이제 보상을 받아야지."

높은 자리에 있는 공직자를 보면 우리는 '저 사람은 능력이 있어서 저 지위에 올라 저런 대우를 받는 거야'라고 생각합니다. 이는 박근혜를 두고 '아버지를 잘 뒀으니 대통령이 될 자격이 있어'라고 말하는 것과 다르지 않습니다.

개인이 스스로 노력해서 잘사는 것은 문제될 것이 없습니다. 그런데 공적인 지위에 있는 사람이 그 지위를 자신의 능력으로 얻었다고 생각하는 순간, 역으로 일반 국민이 그를 위해 일하는 상황이 발생합니다. 잘나고 번듯한 그분의 위엄과 지위를 보장하기 위해 국민이 열심히 돈을 거둬야 하는 것이지요. 물론 그런 사람은 자신의 속마음을 잘 표현하지 않습니다. 그러나 심리학자는 그들을 만날 때마다 속마음을 들여다봅니다. 간혹 그렇지 않은 사람도 있지만 마음을 들여다보고 어쩔 수 없이 낙담하는 경우도 많습니다.

의사의 존재 가치는 질병으로 고통을 호소하는 사람이 늘어날수록 올라갑니다. 그렇다고 의사가 이 역설적 상황을 악용하거나 당연시하는 것은 아닙니다. 혹시라도 의사가 더 많은 사람이 질병에 걸리도록 하는 데 관심을 둔다면 그는 의사가 아니라 인간 백정이겠지요.

정치인과 고위 공무원을 영어로 '공복公僕, public servant'이라고 하지만 사실 그들은 자신의 공복空腹, 즉 빈 배를 채우는 데 열심입니다. 따라서 우리 눈에는 자신의 이익을 위해 권력을 행사하는 사람으로 보입니다. 겉으로는 공적 역할을 수행하지만 실질적으로는 권력을 남용해 개인적 이익을 챙기기 때문입니다. 심지어 그들에겐 별다른 죄책감도 없어 보입니다.

누가 그들을 이렇게 만들었을까요? 바로 노예의 마음으로 사는 국민입니다. 이것은 주인을 섬기는 심정으로 정치인과 고위 공무원에게 이 나라의 중요한 결정을 맡긴 국민이 만든 일입니다.

그들은 박근혜를 얼굴마담으로 내세워 대통령 자리에 올려놓았습니다. 그럼 박근혜는 이들과 어떤 관계일까요? 우리는 최순실, 김기춘, 우병우, 조윤선을 주인을 농락한 노예라고 비난할 수도 있습니다. 그런데 그들은 모두 '주인님을 위해', '주인님이 시켜서'라고 말합니다. 박근혜는 그들이 하는 짓을 '몰랐다'고 하지요. 이런 관계는 노예나 주인이 아닌, 노예 중개상과 그 피해자 정도로 봐야 합니다. 우리 사회에서 박근혜의 부역자로 비난받는 사람들은 모두 노예 중개상에 비유할 수 있습니다. 국민을 노예로 여기고 행동하면서 자신이 마치 주인인 것처럼 최대한 자신의 이익을 챙긴 사람들이기 때문입니다.

이왕 넘어진 김에

우리는 지금 역사의 현장을 살아가고 있습니다. 꼭두각시가 대통령 노릇을 한 지금의 상황은 앞으로 수백 년, 아니 수천 년 동안 후손들이 우려먹을 소재입니다. 역사 드라마나 영화가 '여왕'이 지배하던 신라시대 상황을 아직도 다루듯 후손들은 오늘의 이 역사를 기억할 것입니다.

이제라도 멀쩡해 보이던 대통령이 꼭두각시였음을 알았으니 우리 스스로 그 잘못을 바로잡아야 합니다. 그런데 그 일에 두려움을 느끼는 사람들이 있습니다. 여태까지 그런 일을 해본 적이 없었기 때문입니다. 간혹 이렇게 묻는 사람이 있습니다.

"우리가 아니라 국회의원이 해야 하는 것 아니에요?"

그러나 우리 스스로 바꿀 기회라는 것을 인식하지 못하면 우리는 계속해서 똑같은 문제를 겪을 수밖에 없습니다.

국회의원들이 정말로 국민의 마음을 잘 대변해서 일하는 사람들입니까? 여당이든 야당이든 정당은 상관없습니다. 우리는 국회의원 300명의 심리를 분석한 적이 있습니다.
많은 국회의원들이 기업으로 치면 총무 이사나 영업 상무,
즉 회사 임원 정도의 심리로 일하고 있었습니다.

항상 이 질문을 놓치지 않아야 합니다.

"국회의원은 무엇을 위해 국회의원이라는 정치 활동을 하는가?"

예전에 국회의원 300명의 심리를 분석한 적이 있습니다. 많은 국회의원들이 기업으로 치면 총무 이사나 영업 상무, 즉 회사 임원 정도의 심리로 일하고 있었습니다. 그 정도 임원이면 누구의 말을 듣겠습니까? 당연히 공천권을 주는 사람입니다. 바로 당 대표나 대통령이지요. 한마디로 이들은 정치를 하는 것이 아니라 국회주식회사의 임원으로 오너의 눈치를 보며 지내는 셈이었습니다. 이런 분위기에서 현재 자신이 하는 일에 의문을 제기하고 '우리가 지금 누구를 위해 이 일을 하는 겁니까?' 또는 '우리가 왜 존재하는 겁니까?' 하는 질문을 던지는 사람은 조직에서 왕따가 되거나 반골로 찍히기 십상입니다.

당시 연구의 목적은 그런 왕따나 반골을 찾는 데 있었습니다. 제가 그 사람을 돕기 위해서가 아니라 그를 잘 알리고 내세워 나라를 바꿀 길을 찾을 수 있지 않을까 해서였습니다. 그 연구는 이명박 시절에 했는데 안타깝게도 원하는 사람을 한 명도 찾지 못했습니다. 단 한 명도 말입니다. 그래서 '당분간은 나라가

정말 힘들겠다' 하는 생각을 했습니다.

현재 대한민국이 국정 농단 사건을 겪게 된 것은 그 뿌리를 오랜 과거로 거슬러 올라갈 필요도 없습니다. 출발은 바로 대통령 노무현의 서거에 있습니다. 민주주의는 기존 질서를 바꾸는 동시에 자기 나름대로 변화를 추구해야 합니다. 노무현은 이것을 실천하려고 무진 애썼으나 많은 국민을 설득하고 공감을 얻지 못했습니다. 살아 있을 때 그가 '변화'를 외치면 '뭔 소리야' 하는 반응을 보이는 사람이 더 많았습니다. 세상을 뜬 이후에야 공감을 얻었지요.

지금 우리는 많이 아프지만 이왕 넘어진 김에 제대로 피를 흘리고 마음 깊이 그 아픔을 새겨 넣어야 합니다. 우리의 막연한 기대는 몽땅 무너졌습니다. 차라리 우리 세대가 이걸 겪는 것을 다행이라고 생각해야 합니다. 이러한 아픔을 다음 세대에게 넘기지 않으려면 자꾸만 질문해야 합니다.

"어떤 사람을 찾아야 하는가? 그 사람에게 어떤 기대를 해야 하는가?"

우리가 희생양이 된 이유 1 – 노예 심리

아나운서는 자기 생각을 거의 말하지 않습니다. 국민 아나운서로 떠오른 손석희는 자기 생각이 아니라 가능한 한 있는 그대로 사실을 전달하려 노력하는 사람입니다. 그 밖에 다른 아나운서는 가급적 윗분이 원하는 사실을 전달한다는 것이 제대로 된 구분입니다.

우리는 굉장히 왜곡된 언론 환경에서 살고 있습니다. 손석희가 날카로운 질문을 던지고 토론도 잘하니까 '그런 사람은 드물다'며 놀라워합니다. 그런데 CNN 같은 미국 방송에서는 앵커가 토론하는 것을 당연시합니다. 그런데 우리는 늘 정해진 각본대로 읽는 방송만 보다 보니 조금만 질의응답을 해도 놀라워하는 것이지요.

손석희는 언론인의 기본 역할인 '있는 그대로의 사실을 전달한다'는 것에 충실한 사람입니다. 대한민국의 말도 안 되는 언론 환경에서 분명 다른 언론인과는 차이가 있지요. 물론 다른 언론사에도 그런 사람이 있었는데 거의 다 쫓겨나 독립 매체를 차리거나 다른 활동을 하고 있습니다.

개중에는 먹고살려면 소신대로 하기 어렵다고 말하는 사람도 있습니다. 경제적 뒷받침이 있어야 소신도, 고집도 생긴다는 얘기죠. 그럼 이재용에게 그것이 없어서 소신과 고집을 못 세우나요? 김무성이 경제적 뒷받침이 없어서 그런 비굴한 모습을 보이는 겁니까? 소시민이 자기 자리를 박차는 것이 쉬울까요, 아니면 어느 정도 괜찮은 위치에 있는 사람이 박차는 것이 쉬울까요? 잃을 게 많으면 박차는 것이 굉장히 어려워집니다. 박근혜

누구나 자신이 하는 일이 옳은지, 그른지
생각하는 상황에 놓이는 것을 불편해하고 힘들어합니다.

밑에서 일하던 이정현, 김무성, 황교안, 조윤선은 어떻습니까? 이들은 지지 기반을 잃으면 모든 것을 잃는 것이라고 칩시다. 그럼 전 이대 총장은 어떻습니까? 그녀는 정유라를 이끌어주면 최순실이 무언가를 던져줄 거라 기대했을 테고, 아마 총장 이상의 지위를 바랐을 겁니다. 이 정부가 무너지지 않을 것으로 여기고 박근혜를 호가호위할 금동아줄로 생각한 것이지요. 김무성이나 이정현도 마찬가지입니다.

소신대로 해야 할 역할을 못하는 것은 정말 먹고사는 문제를 걱정해서 그러는 것일까요? 아니면 자기 생각대로 사는 것이 무엇인지 모르기 때문일까요? 실은 후자일 가능성이 높습니다. 자기 생각대로 사는 것이 무엇인지 모르는 마음, 노예의 마음으로 살기 때문입니다. 그러나 자신을 '노예'라고 생각하면 마음이 불편해서 가장이자 사회 구성원으로서의 빛과 소금의 역할을 하는 것이라고 여길 뿐입니다.

누구나 자신이 하는 일이 옳은지, 그른지 생각하는 상황에 놓이는 것을 불편해하고 힘들어합니다. 그래도 '내가 하는 일이 잘하는 짓인지 아닌지' 생각해볼 필요가 있습니다. 보통은 내가 사회에서 지위가 높은 것도 아니고 잘난 사람도 아니므로 내 역할은 별로 중요하지 않다고 생각합니다. 그저 먹고살기 위해 일하는 것뿐이라고 스스로를 제한하려 합니다. 그러다 보니 무엇이 옳은지 그른지 따질 필요 없이 그냥 주어지는 일만 잘하면 그만이라고 여깁니다. 이것이 노예 심리입니다.

누군가는 '노예'라는 단어 자체를 불편하게 여길 수 있으나 실제로 노예 상태에 있든 아니든 분명 심리적 노예가 맞습니다. 특검에 불려가 조사를 받고 '누구의 지시에 따라 행동했다'고 진술하는 사람은 모두 아무리 높은 자리에 있어도 주인님의 뜻에 따라 움직인 노예입니다.

광화문 광장에서 대중이 촛불집회를 할 때, 어느 기업체 사장이 젊은 학생들에게 이렇게 말했답니다.

"너희들이 해야 할 일이나 제대로 해. 공부하기 싫으니까 뛰쳐나온 거지!"

이 말은 '너는 평범한 학생이니 노예처럼 네게 주어진 일이나 열심히 해'라는 말과 같은 뜻입니다. 이 사회의 주인으로서 자신이 느끼는 것을 표현할 필요나 권리가 없다는 말이지요.

조직 생활에서도 노예 심리는 자연스레 나옵니다.

"회사에 갈 땐 영혼은 집에 두고 나온다."

이것이 전형적인 주인과 노예의 관계에서 드러나는 노예의 생각입니다. 내가 일한 만큼, 시간과 능력을 투여한 만큼 보상받는 것이 일반적인 고용 관계의 룰입니다. 그런데 우리는 어느 순간부터 조직과 사장에게 충성해야 한다는 믿음을 당연시합니다.

우리는 21세기 민주공화국 시민인데
봉건제 시대의 영주와 농노 관계를 행동 윤리처럼 여기는 겁니다.

분명 우리는 21세기 민주공화국 시민인데 봉건제 시대의 영주와 농노 관계를 행동 윤리처럼 여기는 겁니다. 젊은이들이 취업시험을 '공노비와 사노비가 되는 준비'라고 표현하는 것도 그냥 나온 말은 아닙니다.

한때 고위 공직자들이 스스로를 '영혼 없는 존재'로 표현했는데, 아마 그들은 박근혜 정권을 거치면서 자신이 권력의 노예임을 처절하게 경험했을 것입니다.

물론 그것은 스스로 자처한 노예 생활이지요. 적어도 공무원이라면 자신의 영혼을 지키고 국민의 노예가 될지언정 권력의 노예는 되지 않아야 합니다. 이것이 우리가 공복에게 기대하는 역할입니다.

많은 사람이 조직에서 살아남으려면 막연히 조직이 요구하는 것을 따라야 한다고 말합니다. 이 믿음은 대한민국에서 성장하는 사람들이 자연스럽게 학습하는 사회화 과정입니다. 조직에서 생존하기 위한 필살기가 무엇인지 모른 채 봉건제의 생존 방식을 마치 지혜처럼 전수한 결과입니다.

이건 '잘했다, 잘 못했다'의 문제가 아닙니다. 문제는 내 생각을 표현하고 그것을 공유하는 것도 위험하다고 여기는 데 있습니다. 단지 그것을 처자식을 먹여 살리려면 내가 더 조용히 있어야 한다는 믿음으로 포장할 뿐입니다.

우리가 희생양이 된 이유 2 - 교육과 언론

외환위기 때 어떤 외국인이 한국인을 신기하게 생각했다는 얘기가 있습니다. 구조조정을 당한 은행원이 회사를 나오면서 동료들에게 '회사를 위해 열심히 일하고 이 회사가 잘되기를 바란다'는 메시지를 남겼답니다. 그걸 보고 그 외국인이 "한국인은 왜 자기가 쫓겨나는 상황에서도 회사가 잘되기를 기대하느냐"고 물은 것이지요. 이것을 두고 국가주의로 해석하는 사람도 있습니다. 나는 회사에서 쫓겨나지만 어차피 한국 회사이고, 회사가 일자리 창출에 기여하므로 언젠가는 그 이득이 내게도 올 거라는 기대가 있다는 의미입니다.

어찌 보면 북한 사람이나 남한 사람의 행동은 비슷한 것 같습니다. 둘 다 마치 노예가 주인을 바라보는 듯한 마음으로 살아가니 말입니다. 남한은 북한보다 자유롭지만 공부하는 양이나 열정 면에서는 북한과 남한에 큰 차이가 없습니다. 북한 외교관과 남한 외교관이 만나면 가장 고민하는 것이 바로 아이들 사교육입니다. 오히려 북한이 남한보다 그런 고민을 더 많이 한답니다. 심지어 외교관 생활을 마치고 북한에 돌아갔을 때 어떻게 하면 애들을 제대로 교육시킬 수 있을지 굉장히 고민합니다.

그런데 그 교육의 결과가 뭡니까?

남한은 자유롭게 교육받는 것 같지만 자기 의견을 스스로 생각하고 잘 표현하는 교육이 아닙니다. 주어진 것을 수동적으로 받아들이고 거기에 보답하는 마음으로 주인에게 충성하는 교육에 익숙한 것은 남한과 북한이 비슷합니다. 그걸 견디기 싫으면 헬조선을 떠나라는 말을 하지요.

오히려 남한 교육은 자기 생각을 표현하고 그것을 공유하는 능력이 북한보다 떨어질 수도 있습니다. 북한은 독재 권력 우상화 활동에 열심히 참여하도록 독려하기 때문입니다. 재밌게도 중국인이나 중동인과 대화를 해보면 그들은 자기 생각을 잘 표현합니다. 제가 묻지요.

"아니, 이슬람 교육은 억압적이고 중국은 사회주의 교육인데 어떻게 자기 생각을 그토록 잘 표현하십니까?"

"우리는 어릴 때부터 그렇게 하지 않으면 견디기가 힘듭니다. 자기 생각을 계속 표현하고 토론하게 하거든요."

이 말은 자기 생각을 제대로 표현하거나 토론하지 못하면 능력 있는 사람으로 인정받지 못한다는 의미입니다. 여기서 '자기 생각'이란 그 사람의 독특하고 창의적인 생각만은 아닐 것입니다. 무슨 생각이든 끊임없이 표현해야 자신의 가치와 존재를 인정받는 환경인 것만은 분명합니다.

아이러니하게도 세뇌 교육하기에 토론만큼 효과가 좋은 방법이 없습니다.

한번은 어떤 사람이 제게 토론이 세뇌 교육에 효과가 있느냐고 묻더군요. 아이러니하게도 세뇌 교육하기에 토론만큼 효과가 좋은 방법이 없습니다. 토론하면서 특정 주장이나 메시지를 학습하면 이를 더욱더 강하게 확신하지요. 우리는 막연히 세뇌는 주입식 교육으로 이뤄질 거라고 생각합니다. 오히려 어떤 메시지든 주입하는 방식은 학습자를 수동적으로 만듭니다. 이 경우 반복 과정을 거쳐 익숙해질 때까지 아무 생각 없이 받아들이는 까닭에 학습 강도가 약합니다. 표면적으로는 습득한 것처럼 보이지만 그 효력은 쉽게 사라집니다. 좋은 환경에서 잘 성장한 한국의 많은 젊은이가 어려운 상황이 닥치면 쉽게 좌절하고 무너지는 이유도 여기에 있습니다.

좀비처럼 무조건적으로 수용하거나 쉽게 추종하는 것은 자기 생각을 표현하고 토론하는 형태로 학습하지 않은 탓입니다. 이럴 때 대세는 쉽게 추종하지만 정작 자기 생각이나 욕망은 정확히 드러내지 못합니다. 그러니 상황 변화에 따라 그때그때 자기 생각이 달라지는 것도 무리는 아닙니다.

권위에 복종하거나 정치 얘기를 회피하는 것도 이런 이유 때문입니다. 실제로 전두환은 사람들이 정치나 사회 이슈에 관심을 갖지 않게 하려고 3S 정책, 즉 스크린, 섹스, 스포츠 정책을 썼습니다. 이명박이 쓴 정책은 여행이고 박근혜가 권력을 잡고 나서 가장 많이 활용한 것은 먹방입니다. 언론을 담당한 권력의 하수인들은 예능이라는 이름으로 이런 주제를 선택했습니다.

각종 오디션 프로그램의 등장인물은 우리가 현실이 무미건조하고 답답하다고 느낄수록 더욱더 우리를 대신하는 영웅으로 거듭납니다. 하지만 노래를 잘 부른다고 커다란 역경을 이겨내고 승리한 것처럼 인간 승리를 꾸며낼 때, 우리는 이것을 이 사회에서 뭐가 중요하고 중요치 않은지를 왜곡하는 체계적인 과정으로 봐야 합니다.

다른 마음, 같은 행동

자신의 의견을 표현할 때 말을 돌리거나 순화하면 더 잘 알아듣지 않을까 싶어 부드럽게 전달하는 경우가 있습니다. 그런데 알아듣는 척은 하지만 잘못 알아들어서 확실하게 알아들으라고 송곳처럼 찔러줄 때도 필요합니다.

2016년 말부터 2017년 초까지 광화문 광장을 뜨겁게 달군 촛불집회를 생각해봅시다. 만약 국민이 각자 집에 조용히 앉아 각자 의견과 생각이 다른 것은 건전한 일입니다.
다른 것은 나쁜 게 아니며 그것에 관해 털어놓고
이야기할 수 있으면 충분히 괜찮습니다.

'알아서 사퇴하겠지', '정치인들이 알아서 탄핵을 잘하겠지' 했다면 그들이 탄핵을 했을까요? 그렇지 않습니다. 각자 생각이 다르더라도 더 이상은 못 참겠다고 뛰쳐나와 100만, 200만, 1,000만 촛불을 만들어내니까 정치권이 움직인 겁니다.

비록 대중은 1,000만 개의 다른 생각으로 뛰쳐나왔지만 같이 행동했습니다. 이후에도 우리가 다른 생각으로 같은 행동을 위해 그처럼 뛰쳐나올 수 있을까 싶습니다. 박근혜 정권에 분노한 민심은 각자 생각과 욕망이 다를지라도 똑같은 행동을 보여주었습니다.

각자 의견과 생각이 다른 것은 건전한 일입니다. 다른 것은 나쁜 게 아니며 그것에 관해 털어놓고 이야기할 수 있으면 충분히 괜찮습니다.

다음 대통령으로 누구를 뽑으면 교육 문제가 달라질까요? 대통령이 바뀌면 재벌 문제를 해결하고 언론의 자세도 바꿀 수 있을까요? 국민이 행동하지 않으면 바뀌지 않습니다. 뽑아놓고 나 몰라라 하면 도로아미타불이 되고 맙니다.

사람들의 태도는 사회 변화에 따라 재빨리 적응합니다. 여당이든 야당이든 누군가가 정권을 잡은 뒤 사회 기류가 바뀌면 사람들은 그 기류에 따라갑니다. 당연히 이런 질문이 고개를 들겠지요.

"이럴 때는 어떻게 해야 하지? 지금은 촛불집회를 했지만 늘 이럴 수도 없을 텐데 어떻게 해야 하지? 개개인이 일상에 파묻히면 주위에 변화가 있을 때 어떤 생각을 하며 살아가지? 어떤 식으로 생각을 변화시켜야 하지?"

촛불민심은 박근혜 사퇴 이슈로 각기 다른 마음이 하나로 뭉쳐 뚜렷이 드러난 것입니다. 본래 박근혜 사퇴나 탄핵은 정치권 전체의 생각이 아니었습니다. 처음에는 민주당도 '질서 있는 퇴진'이라는 소리를 했지요. 하지만 국민은 일관성 있게 사퇴하라고 주장했고 그것은 국회에서 탄핵으로 이어졌습니다. 국민이 국회라는 정치권에 탄핵을 위해 적극 행동하라는 메시지를 전달했기 때문입니다.

인간이 행동할 때는 밑바탕에 항상 욕망이 있습니다. 욕망을 모르면 스스로 행동하면서도 왜 했는지 모를 때도 있습니다. 이러면 남는 것은 후회뿐입니다.

우리가 무언가를 행동에 옮기기를 주저하는 이유는 기대하는 결과를 얻지 못할까 봐 두려워서입니다. 변화를 간절히 바라지만 변화를 위한 노력은 하지 않는 이유가 여기에 있습니다. 이것은 문제가 무엇인지 다 안다고 하면서도 나서기를 망설이는 이유이기도 합니다. 이 경우 현명하게 행동하는 방법은 스스로 어떤 욕망을 충족시키기 위해 행동하는지를 분명히 인식하는 것입니다. 그러면 결과와 상관없이 덜 후회합니다.

저는 다음에 누굴 선택하든 우리 문제가 한두 가지라도 제대로 해소되거나, 우리가 원하는 새로운 세상이 펼쳐지는 가능성은 높지 않다고 봅니다. 그렇지만 '욕망'을 바탕으로 선택하면 단순히 후회하고 원망만 하는 게 아니라 적어도 그 사람이 내 욕망을 충족시키려 제대로 행동하는지 아닌지를 알 수 있습니다. 만약 정의당을 후원했는데 정의당이 제대로 하지 못하면 전화해서 "왜 그러냐? 후원금 빼버린다!" 하고, 민주당이 못마땅하면 "당원인데 요즘 왜 그러냐?"라며 당부하는 것이 주인의 마음으로 사는 자세입니다.

오늘의 나는 어제의 나와 다르다

지금까지 우리는 지도자를 선택할 때 '그 사람은 이래서 좋아', '그는 이러저러해서 훌륭한 사람이야', '저 사람은 이래서 안 돼'라는 말을 많이 했습니다. 아마 '저 사람을 통해 내 욕망을 충족시킬 수 있을 거야'라는 생각은 한 번도 해보지 않았을 것입니다. 이는 한국인이 기본적으로 "무엇을 원하는가?"라는 질문을 받았을 때, 자신이 원하는 것을 뚜렷하게 말하면 안 된다는 교육을 받으며 자랐기 때문입니다. "무얼 마실래?"라는 질문을 받으면 흔히 이렇게 대답하지요.

"아무거나."

어떤 메뉴판에도 '아무거나'라는 메뉴는 없는데 신기하게도 그 아무거나를 잘도 찾아 먹습니다.

이런 이야기를 하는 이유는 대한민국에서 가장 중요한 이슈를 '교육의 변화'라고 생각하기 때문입니다. 대한민국은 지난 30년 동안 교육의 변화, 교육 개혁을 부르짖었으나 계속 나빠지기만 했습니다. 이는 어떤 문제를 해결해야 교육에 변화가 일어날지 정확히 인식하지 못했기 때문입니다.

언론, 경제, 재벌, 정치, 국방 등 각 분야에서 지난 30년 동안 죄다 개혁이니 민주화니 한마디씩 했습니다. 사실 각 영역의 힘있는 사람들이 문제를 정확히 인식하면 어느 정도 해결이 가능합니다.

국방 문제도 마찬가지입니다. 군대에 가서 구타당하고 왕따를 당해 죽는 사례가 늘었으면 늘었지 결코 줄어들지 않았습니다. 이걸 장군들이 해결하려 할까요? 그렇지 않습니다. 심지어 전쟁이 나면 북한군과 싸우기 전에 내부의 적부터 죽이겠다는 군인도 있습니다. 이런 상황에서 사병들은 어떤 생각을 할까요?

대통령에게 정치를 잘못한다고 지적하는 국민이
불이익을 받는 걸 당연시하고
권력자가 권력으로 국민의 목소리를 억제하는 나라는
자멸하고 맙니다.

군인이니 상사의 지시를 당연히 받아들여야 하나요? 그러면 부모의 말도 그렇게 합니까? 부모의 말을 듣는 것이나 상사의 말을 듣는 것에 어떤 차이가 있습니까? 군인은 군인이니까 달라야 한다는 것은 말도 안 되는 소리입니다. 그들은 군인이기 이전에 인간입니다. 우리는 군, 병사, 국방과 관련해 많은 문제를 지적하지만 정작 진짜 문제는 알지 못하고 있습니다.

군대를 비롯한 모든 조직 구성원은 윗사람의 명령과 지시를 거역하거나 거기에 의문을 제기하면 불이익이 올지도 모른다며 막연히 불안해합니다. 그래서 부당한 지시에 반항은커녕 의문을 제기하는 것조차 제대로 하지 못합니다. 대통령에게 정치를 잘못한다고 지적하는 국민이 불이익을 받는 걸 당연시하고 권력자가 권력으로 국민의 목소리를 억제하는 나라는 자멸하고 맙니다. 사회 붕괴의 가장 큰 적은 내부 부패와 책임감 상실, 역할 회피 같은 우리 각자의 행동입니다.

미국의 장교사관학교에서는 1학년에게 2, 3학년한테 부당한 짓을 당하면 그 부당함을 어떻게 알려야 하는지 반항하는 법을 가르친다고 합니다. 우리는 보통 일사불란하게 명령에 따르는 군대가 가장 강력한 군대라고 생각하지만, 그것은 노예 교육의 흔하디 흔한 속임수입니다. 강력한 군대는 각 구성원이 주어진 상황에서 각자 판단을 잘할 수 있을 때 가능합니다. 게릴라 전법에서는 더욱더 그렇지요. 노예처럼 일사불란하게 통제해야 군대가 강해진다는 논리는 권위나 지휘권을 가진 사람이 쉽게 통솔하려고 만든 꼼수에 불과합니다.

가장 좋은 노예 교육 방식은 생각을 못하게 하는 것입니다.

"무조건 명령에 따라! 무조건 해!"

가르치는 사람은 이 방식이 가장 편합니다. 한국 교육은 가르치는 사람을 편하게 해줄 뿐, 교육 효과가 가장 크거나 배우는 사람들에게 필요한 것을 가르치지 않습니다. 이는 군대든 회사든 마찬가지입니다.

삼성에서 만든 휴대전화에 발화 사건이 일어났을 때, 4~5개월이 지나도록 원인을 찾아내지 못했습니다. 참으로 놀라운 일이지요. 그럴 때 회사는 어떻게 대응할까요? 문제를 처음 제기한 사람을 소리 소문 없이 제거합니다. 정말 몰라서 모르는 것이 아니기 때문에 문제를 제기한 사람을 없애는 것이 조직을 위해 좋은 겁니다. 아무도 책임지지 않아도 되니까요. 이것이 문제를 해결하는 놀라운 방식입니다.

이것은 대한민국의 수많은 조직과 사회가 움직이는 방식이기도 합니다. 누가 옳고 그르냐가 아니라, 이 나라와 사회 공동체가 함께 살아가는 방법을 찾는 것이 아니라, 자신에게 피해를 줄 만한 잠재적인 것을 없애버림으로써 다 죽는 것을 생존 방식으로 학습한 것입니다. 이건 정말 걱정스러운 일입니다.

이러한 경향이 과거 6, 70년대보다 더 강해졌습니다. 물론 순종적인 직장 마인드는 6, 70년대보다 덜합니다. 요즘 젊은 직장인은 훨씬 더 개인주의적이고 자유분방하며 자기 생각을 뚜렷하게 표현한다고 합니다. 지금의 60대나 70대는 자신이 젊었을 때는 아무것도 없고 아는 게 부족해도 무조건 하라는 대로 해서 이만큼 성취했는데, 지금 젊은이들은 말도 안 듣고 일도 제대로 하지 못한다고 잔소리를 합니다.

그들이 착각하는 것이 한 가지 있습니다. 그들이 경험한 일의 복잡성이 10이라면 지금 젊은이들이 경험하는 일의 복잡성은 100이나 1,000 정도입니다. 사회 전체의 움직임이나 문제 자체의 복잡성이 단순할수록 군대나 교도소식으로 규칙적·맹목적으로 일해야 훨씬 더 큰 성과가 납니다. 가령 농경시대에는 근면성, 획일성만으로도 성과를 올리는 데 별 지장이 없었지요.

하지만 복잡성이 100이나 1,000으로 늘어나면 작동 방식이 달라집니다. 농경시대처럼 근면성이나 획일성이 아니라 문제 자체가 무엇인지 알아내는 데 에너지를 90퍼센트나 써야 하지요. 물론 문제를 알아내기만 하면 솔루션은 간단합니다. 솔루션은 이미 있으니까요.

노태우가 6.29선언을 할 무렵, 거리에 60만 명이 나왔어도 엄청 나왔다고 했는데 이번 촛불집회의 누적 인원이 1,600만 명을 넘어섰습니다. 왜 그럴까요? 그때만큼 억압 수준이 컸나요?

휴대전화가 있어서 정보 전파가 빠르고 추워도 두툼한 점퍼가 있어서 그런가요? 지금의 상황과 문제는 단순히 '이건 이렇다'라는 생각으로 이해하기엔 굉장히 복잡한 문제입니다.

우리는 어제와 같아 보이지만 결코 같지 않습니다. 어제의 나와 오늘의 나는 분명 사람은 같지만 세밀하게 분석하면 이미 많은 변화를 겪은 존재입니다. 변화는 끊임없이 일어나고 복잡성 또한 갈수록 더해지고 있습니다.

4장

통념 속 정치

정체를 알려주마

옳고 그름의 정체 1

사람들은 대부분 옳지 않은 세력은 공직에서 물러나야 한다고 말합니다. 그럴 때 누가 옳지 않은 세력이냐고 물으면 이 나라의 기득권 세력이라고 대답합니다. 예를 들어 박근혜-최순실 게이트를 말할 때, 박근혜가 왜 옳지 않느냐고 물으면 세월호 일곱 시간을 모르냐며 열을 올립니다. 만약 "세월호 일곱 시간 동안 박근혜가 죽을죄를 지었나요?" 하면 어떻게 그런 말을 할 수 있느냐고 화를 냅니다.

많은 사람이 자신이 나쁘다고 생각하는 것은 모두 없어져야 한다고 말합니다. 그런데 이런 사람의 사고 특성은 무엇이 옳고 그른지 스스로 구분하기 어려우면 아예 그 문제를 회피하려 한다는 점입니다. 누군가가 어떤 사람을 나쁘다고 주장하면 즉각 그 사람은 죽일 놈이자 사라져야 할 존재로 전락합니다. 마녀사냥과 같은 일이 벌어지는 것입니다. "왜?"라고 물으면 구체적인 이유는 말하지 않고 그저 나쁘다고만 말합니다. 이런 식이면 자신에게 나쁜 건 다 없어져야 합니다. 그래서 어느 순간 성공한 사람의 표본으로 보였던 김기춘, 우병우가 순식간에 죽일 놈이 되어버린 것입니다.

문제를 회피할 뿐 아니라 어떤 것이든 선악을 구분해서 나쁜 것은 다 없애야 한다는 마음이라면, 변화의 상황에서 더 큰 어려움을 겪습니다. 우리는 이런 일을 끊임없이 경험합니다. 남북 관계가 좋을 때는 그들을 도와주어야 하는 동포로 보고 한 민족, 한 핏줄임을 강조합니다. 그러다가 남북 관계가 경색되면 그들을 돕는 일을 이적행위로 여기지요. 이 경우 남북 관계를 담당하는 공무원은 스스로 자신의 영혼과 몸을 분리한 상태로 지내야 합니다.

거창한 국가 대사가 아닌 일반 기업에서도 사람들은 살아남기 위해 교묘하게 처신합니다. 보통은 좋고 나쁜 것을 판단하지 않고 눈치를 보며 대세를 따르려 합니다. 대세를 따르는 것만이 살길이고 또 그것이 옳다고 믿습니다.

그런데 재미있게도 우리는 이런 모습을 지적당하면 무척

대세를 따르는 사람들은
정작 대세가 무엇인지 잘 모르는 경우가 많고
또 대세를 따르면서 스스로 불안해합니다.

화를 냅니다. '대세를 따른다'는 것이 스스로 판단해서 내린 결론인지 물은 것뿐인데 말이죠. 분명한 것은 대세를 따르는 사람들이 정작 대세가 무엇인지 잘 모르는 경우가 많고 또 대세를 따르면서 스스로 불안해한다는 점입니다.

대세를 따르는 사람일수록 '절대선善'을 열망합니다. 동시에 우리가 사는 세상에 선과 악이 공존한다는 사실까지 부정하려 합니다.

우리가 흔히 말하는 옳고 그름을 판단한다는 것은 내가 그르다고 믿는 것을 부정함으로써 옳고 그름을 판단하는 마음입니다. 여기서 무엇이 옳고 그른지를 판단하는 절대 기준은 없습니다. '내가 그르다고 믿는 것은 그른 것이고, 내가 옳다고 믿는 것은 옳다'는 주관적 기준만 있을 뿐입니다. 따라서 우리는 옳고 그름을 판단하는 일이 우리 스스로를 속이는 것임을 알아야 합니다. 이는 자신을 속이는 사람의 대표적인 트릭입니다. 일종의 자기합리화이지요.

사이비 종교집단에 빠진 사람이 이러한 자기합리화로 자신을 지킵니다. 옳고 그름이 무엇인지 정확히 알기도 전에 '내가 옳지 않다고 여기는 건 존재하지 않아야 해'라며 못을 박지요. 소위

사이비 종교집단에 빠진 사람이
이러한 자기합리화로 자신을 지킵니다.

'나쁜 것'의 존재를 부정함으로써 자신이 옳다고 생각하는 것을 합리화하는 전법입니다.

예를 들어 반기문을 지지한 사람들은 자기가 지지하는 절대적인 이유만 말할 뿐, 지지하지 않거나 다른 대안이 있는지 생각조차 하지 않음으로써 반기문을 지지하는 걸 옳다고 믿었습니다. 마찬가지로 이재명과 문재인을 지지하는 사람들도 자신들의 지지가 절대적으로 옳고, 지지하지 않는 것은 옳지 않다고 말합니다. 이로써 그들은 자신이 이재명이나 문재인을 지지하는 것이 옳다는 근거로 삼습니다. 이는 자신이 옳다고 믿는 것에 의문을 제기하는 모든 것을 부정해서 자신의 옳음에 정당성을 확보하려는 심리입니다.

이럴 때 그 핵심을 짚어 "이것이 정확히 광신도의 심리 상태라는 것을 아십니까?"라는 질문만 해도 그들은 패닉에 빠집니다. 이것은 인질범에게 붙잡혀 스톡홀름 신드롬(1973년 스웨덴의 스톡홀름에서 발생한 은행 강도사건에서 비롯된 것으로, 극한 상황에서는 범인을 미워하기보다 좋아하는 편이 살아남을 확률이 높기 때문에 생겨난 현상)에 빠진 것과 동일한 심리입니다. 이 경우 자신의 생각이 옳은지 그른지 판단하는 능력을 잃고 맙니다.

대한민국에서 대통령을 뽑을 때 많은 사람이 '누구를 지지하느냐'를 놓고 이런 심리 상태에 빠져듭니다. 이 상태에 있는 사람은 놀랍게도 자신이 지지하는 사람이 대통령이 되어 어떤 미친 짓을 하더라도 잘한다고 믿으려고 합니다. 그러다가 더 이상 그 믿음을 유지할 수 없는 상황에 놓이면 자신이 지지하던 그 사람을 어떤 이유에서든 나쁜 놈으로 매도합니다. 그런 일은 순식간에 일어나지요. 그다음에는 그 사람과 정반대인 사람을 새로운 구세주로 삼으려는 심리 상태로 바뀝니다.

이것이 지난 15년, 아니 40년 동안 대한민국 국민이 끈기를 보이며 반복적으로 해온 일입니다. 그래도 우리가 그런 함정에 빠져 있음을 인식하면 벗어날 수 있습니다. 관건은 그런 상황을 명확하게 인식하려는 열린 자세에 있습니다.

옳고 그름의 정체 2

어떤 분이 박근혜-최순실 게이트 때문에 답답하다며 이런 말을 했습니다.

"최순실이 모든 혐의를 부인한다는 뉴스를 보면서 억장이 무너지는 느낌을 받았습니다. 왜 옳고 그르다는 기준이 없는 걸까요? 분명 1+1=2인데 그들은 1+1=1이라고 합니다. 그들에

인간의 심리가 작동하는 방식을 보면
어떤 사람에게 1+1=2이고 또 어떤 사람에게는 1+1=1입니다.
또 다른 사람에게는 1+1=11일 수 있습니다.

게는 그들 나름대로의 논리가 있는 모양입니다. 그들 세상에서는 물방울 두 개를 합치면 다시 하나가 된다는 것이 진리인가요? 문제는 그것이 또 다른 세상에서는 진리가 아니라는 것입니다. 사회가 둘로 나뉘어 서로 소통하지 않으니까 정말 답답합니다."

심리학자로서 인간의 심리가 작동하는 방식을 보면 어떤 사람에게 1+1=2이고 또 어떤 사람에게는 1+1=1입니다. 또 다른 사람에게는 1+1=11일 수 있습니다. 이처럼 각자 다른 게 인간의 마음입니다. 모든 사람의 얼굴이 같지 않듯 심리도 마찬가지입니다. 세상이 그처럼 다르다는 사실부터 인정해야 합니다. 여기서 인정한다는 것은 옳아서가 아니라 그냥 그 존재를 인정하라는 의미입니다.

우리는 나쁜 것은 없애버려야 한다고 생각하지요. 한마디로 척결하고 싶어 합니다. 그런데 예를 들어 인간의 몸에서 병을 일으키는 바이러스를 완전히 퇴치해 무균 상태로 만들면 어떤 일이 벌어지는지 아십니까? 죽습니다. 같은 맥락에서 이 사회도 유기체로 작동하려면 옳고 그름이 섞여 있어야 합니다.

우리가 정치인에게 속아 넘어가도록 노예의 삶을 세뇌당할 때 옳지 않은 것은 없애야 한다고 배웁니다. 그것이 노예를 통제하는 가장 좋은 사고방식입니다. 물론 당장 이런 질문이 쳐들어올 수 있습니다.

"아니, 그러면 옳지 않은 걸 두고 봐야 합니까?"

교회에서 말하듯 하느님의 세상에는 천사만 있는 게 아닙니다. 악마도 있지요. 그런데 그 악마란 천사들 중에서 타락한 천사를 말합니다. 왜 성경에 그런 말씀이 쓰여 있을까요? 악마가 존재해야 하느님이 존재하고 또 하느님의 역사가 이뤄질 수 있기 때문입니다. 거기에 깔린 심리의 핵심이 그렇다는 말입니다. 그런데 교회에 가서 그 얘기를 들은 사람들이 옳고 그름을 따지고 자기 주위에서 그른 것은 다 없애야 한다는 황당한 생각을 하는 겁니다. 악은 하느님조차 인정한 존재입니다.

사람들에게 정말로 필요한 것은 옳고 그름을 변별하고 구분하는 능력과 사고지, 내가 옳다고 믿는 것만 옳고 그 나머지는 나쁘다고 믿는 것이 아닙니다. 그것은 노예에게나 세뇌하는 사고입니다. 그럼에도 불구하고 제가 각기 다른 생각이 있음을 인정하자고 말하면 많은 분이 화를 냅니다.

"아니, 나쁜 놈을 인정하라는 거야?"

제가 처음 심리학을 배울 때 가장 의문스러웠던 문제가 이것입니다. 내가 보기에 옳지 않은 말을 하는 사람은 모두에게 배척받아야 마땅한데 그렇지 않았기 때문입니다. 오히려 그 사람은 나보다 친구도 많고 주위 사람들과 더 잘 지내는 듯 보였습니다.

'대체 이유가 뭐지?'

30년 전 유학을 갔을 때, 저는 북한에서 지내다 온 사람이 있다는 걸 상상조차 하지 못했습니다. 마침 북유럽에서 온 한 친구가 한국말을 잘하기에 웬일인가 하고 물었더니 김일성대학에서 공부를 했다고 하는 바람에 깜짝 놀랐지요. 너무 신기해서 물었습니다.

"북한 사람들, 엄청 공격적이지 않아?"

지금 생각하면 참 바보 같은 질문이지요. 그러나 당시만 해도 제 머릿속에는 북한 사람은 머리에 뿔이 달리고 도끼를 들고 다니면서 외국인을 때려죽일 거라는 상상 외에 다른 이미지가 들어 있지 않았습니다.

저는 지금도 그 친구의 표정이 생생하게 기억납니다. 저를 바보 정도가 아니라 완전히 미친놈처럼 쳐다보던 그 표정이 말이지요. 세뇌가 어찌나 강했던지 북한 사람도 인간이라는 사실을 잊었던 것입니다.

옳고 그른 것을 변별하고 구분하는 능력은 필요합니다. 그렇지만 내가 옳다고 믿는 것만 옳고 나머지는 나쁘므로 없애야 한다고 생각하는 것은 노예의 사고입니다. 그런 식으로 편이 딱 갈라지면 그들을 쉽게 조종하려는 패거리, 즉 누군가의 노예로 전락하기 십상입니다.

애국 보수의 정체

박사모와 어버이연합은 태극기를 흔들며 스스로를 애국 보수라고 주장해왔습니다. 그러나 한쪽에서는 '어떻게 저리 뻔뻔한 짓을 하느냐?'고 생각하는 사람이 많았지요. 나라꼴을 엉망으로 만든 주역이면서 '애국', '자유대한민국', '보수'라는 단어를 내세워 태극기를 마치 보수의 상징으로 만드는 일에 분개했습니다.

이런 현상의 이면에는 자신이 아닌 것을 진짜 자신이라고 주장하려는 심리가 있습니다. 이것은 '현실의 자기real self'를 외면하고 '이상적인 자기ideal self'를 현실의 자신이라고 믿는 심리입니다. 이런 심리의 지배를 받는 사람은 과거나 현재에 자신이 행한 행동을 인정하기보다 자신의 잘못을 지적하는 사람을 적으로 간주합니다. 방어적 태도를 보이며, 자신의 행동을 지적하는 사람을 물리적으로 공격하는 모습까지 보입니다.

태극기를 내세우며 애국을 강조하는 그분들을 보면 과거 일제 침략이 시작될 때 애국을 내세우며 돈만 주면 나라라도 팔아먹겠다는 행동을 한 영리한 선조가 떠오릅니다. 독립협회를 조직하고 열심히 활동한 이완용이 대표적인 인물이지요.

물론 이들은 "돈만 주면 나라라도 팔겠다"라고 대놓고 말하지는 않습니다. 그런 경우에도 애국 보수라는 탈을 쓴 채 가장 멋있어 보이는 단어와 구호로 자신들을 포장합니다.

우스갯소리지만 애국 보수에서 보수는 말 그대로 보수報酬라고 말하는 사람도 있습니다. 우리가 돈을 달라고 할 때 "돈 주세요"라고 직접적으로 말하나요? 대개는 은근슬쩍 돌려서 "두 장이면 됩니다. 한 장도 좋아요"라는 식으로 표현하지요. 그렇다고 이들이 나라를 팔아먹는다고 하겠습니까, 아니면 박근혜를 앞세워 나라의 등을 친다고 하겠습니까? 그저 애국 보수라는 그럴싸한 이름 아래 태극기를 들고 나와 나라를 지킨다고 합니다. 인정하고 싶지 않지만, 우리와 함께 사는 일부 한국인의 일반적인 심리입니다.

어떤 분은 제게 묻습니다.

"그럼 어떻게 해야 하나요?"

흥미로운 일이지만 역으로 사람들에게 이 질문을 던지면 화해와 통합을 해야 한다고 이야기를 하고 행동은 싸우자로 나옵니다. "일제 잔재와 싸운다", "종북과 싸운다"라는 말이 도처에 난무하는 이유입니다.

애국 보수를 주장하는 사람들이 자신의 적을 종북이나 좌익 빨갱이로 몰고, 민주화나 사회 불평등 해소를 내세우는 사람들이 자신의 적을 일제 앞잡이 또는 기득권 세력으로 규정합니다. 이런 심리는 전쟁할 때 무조건 고지(산꼭대기)를 점령하면 유리하다고 믿는 그런 마음입니다.

우리는 자신이 처한 문제가 무엇인지, 또 쳐부숴야 하는 적이 누구인지 알려고 하기보다는 무작정 '정답이라고 믿는 적'을 공격하며 살고 있는지도 모릅니다. 그렇기에 말로는 화해와 통합을 외치고 연정을 외치지만 그것이 불가능한 것이라고 생각하는지도 모릅니다.

정치인의 연정 이야기는 어찌 보면 순진하고 비정치적인 행동이라고 볼 수 있습니다. 자신이 싸워야 하는 적이 누구인지 구분하지 못하는 상황에서 무작정 답을 내세우는 셈이니까요. 우리는 계속 그런 역사를 반복하고 있습니다. 이것을 언론에서는 '민심의 분열', '국론의 양분', '이념의 대결' 등으로 규정하지만, 모두 무엇이 문제인지 전혀 알고 싶지 않다의 다른 말일 뿐입니다.

그렇다면, 우리는 어떻게 행동해야 할까요? 오죽 마음이 답답하면 자신이 전혀 지지하지 않는 정치인에게 18원을 후원합니다. 또 무작정 전화를 걸어 그동안 관심도 없던 정당에 가입하기도 합니다. 무기력하게 있을 수는 없다는 마음에 할 수 있는 다양한 행동을 해보는 상황입니다.

이럴 때 우리가 알아야 할 것은 아직 대세가 바뀌지 않았다는 사실입니다. 아직 바뀐 것은 없습니다. 그리고 이제 시작입니다. 우리는 계속해서 우리가 나아갈 방향을 논의, 토론해야 합니다. 우리의 인식은 운동화 끈처럼 중간 중간 조이지 않으면 풀어집니다. 사람들과 모일 수 있는 기회를 충분히 활용해서 마음을 모으고 상황을 제대로 바라보려 노력해야 합니다.

고위 공무원의 정체

중앙부처 고위 공직자는 심리와 행동에서 상당히 복잡한 문제를 안고 있습니다. 가령 국장이나 실장쯤이면 승진 문제와 함께 어떻게 하면 정권이 바뀌어도 지위를 계속 유지할 것인지를 고민하게 마련입니다. 이럴 때 그들은 보통 정권의 코드와 발을 맞추면서 보신책을 꾀합니다.

일반적으로 노무현 정권에서 이명박 정권으로 넘어올 때, 관료 사회에 많은 변화가 있었을 거라고 생각합니다. 장관급이면 당연히 바뀌고, 실국장급 정도 되어도 정권의 향배에 영향을 받습니다. 그런데 중앙부처 과장이나 국장은 정권의 향배에 큰 영향을 받지 않고 20년 이상 공무원 생활을 해온 사람들입니다. 이들을 잘 관리하고 통제해야 새로 권력을 잡은 집단이 국정 운영에 성공할 수 있습니다.

그렇다면 공무원들은 어떤 행동, 어떤 심리를 보일까요? 흥미롭게도 그들은 자신이 어제까지 추진해온 정책과 완전히 반대되는 것을 그다음 날 주장하고, 그것을 스스로 진행합니다. 그럴 때 저는 웃으면서 말합니다.

"국장님, 많이 힘드시겠어요?"

그러면 이런 대답이 돌아옵니다.

"저희들 운명이지요."

그들은 자신이 어제까지 추진해온 정책과 완전히 반대되는 것을 그다음 날 주장하고, 그것을 스스로 진행합니다.

그들의 일 중에서 가장 비중이 큰 것은 정권을 잡은 사람의 입맛에 맞춰주고, 그 과정에서 조금이라도 트집을 잡히지 않는 것입니다. '국가와 국민을 위해 일하는 공무원'에게 더 중요한 것은 자신의 직업적 안전과 삶을 보장받는 것입니다. 안전한 삶에 대한 열망은 그들을 자동적으로 내게 영양가가 있는 일인지 아닌지 판단하도록 내몹니다. 공무원을 두고 '영혼 없는 존재'라고 부르는 것은 우스갯소리가 아니라 보신의 욕망에 사로잡혀 무기력하게 행동할 수밖에 없는 이 나라 공무원의 실상을 적나라하게 알려줍니다.

안타깝게도 다수의 공무원은 국가나 국민을 위해 일하는 것이 아니라, 일차적으로 자기 보신과 이익을 기준으로 판단해서 처신합니다. 그렇게 하지 않고 정말로 국가나 국민을 위해 일하면 어느새 나쁜 사람이 되고 맙니다. 이런 상황은 단순히 권력에 아부하고, 정권에 잘 보이려는 것과는 다른 문제입니다.

소위 말하는 고시 출신 관료에 속하는 공무원이 되면 국민을 위해 일하는 청백리가 되겠다는 생각보다는 남들보다 어려운 시험을 통과한 자신이 그에 상응하는 충분한 보상을 받아야 한다는 생각을 더 강하게 합니다. 사업하는 친구에게 수억 원어치 주식을 받아 챙기는 고위 공무원은 이런 마음을 가진 사람입니다.

이들의 최대 고민은 어떻게 하면 이 자리에 오래 있을까입니다. 최소한 차관급이나 장관급에 있는 사람은 장관직을 수행하다가 국회의원으로 가거나 다음 정권을 잡는 사람과 연결되어 어떤 역할을 할지 모색합니다. 이들 세 그룹, 즉 차관급과 장관급과 국회의원은 기본적으로 서로가 서로와 좋은 관계를 맺기 위해 노력하고, 그것을 자연스럽게 도모하는 집단으로 바뀌었지요.

그들은 공적인 활동을 할 때, 철저하게 자신의 존재감과 욕망을 충족시키는 형태로 대한민국 공무원이라는 자리를 활용합니다. 그것은 단순히 몇 억을 주고 자리를 얻는 수준과는 다릅니다. 그들에게는 10억이나 20억은 이미 있는 상황이므로 그처럼 찌질한 짓은 하지 않습니다.

2016년 여름 무더위가 극심해지자 전기요금 문제로 전국이 들끓었습니다. 그때 박근혜 정권에서도 전기요금을 줄여야 한다고 난리를 쳤는데 주무장관은 끄떡도 하지 않았습니다. 그래서 그 사람의 이력을 쫙 살펴봤더니 놀랍게도 그는 이명박 정부 때도 잘나가던 사람 중 한 명이었지요. 그는 이명박 정부 때

4대강 녹색사업의 주역이었고, 박근혜 정부에서도 잘나가는 사람 중 하나였습니다.

나중에 30퍼센트 정도 인하했다고 말했으나 국민은 크게 바뀌었는지 아닌지조차 모릅니다. 바뀌었다고 하니 좀 바뀌었나 보다 하지만 그걸 체감하기란 힘듭니다. 정권이 바뀌든 아니든 기존에 자신들이 만들어놓은 것을 바꾸는 흉내만 내고 서로 돌봐주거나 이익을 추구하는 심리로 움직이기 때문입니다.

누가 정권을 잡든 고위 공무원의 이런 심리를 바꾸기란 상당히 어렵습니다. 그들에게는 그들 나름대로 룰과 방법이 있기 때문입니다.

요즘 우리가 많이 듣는 단어 중 하나가 '4차 산업혁명'입니다. 그렇지만 거기에 대비한 국가개조 전략 한마디 없이 옛날에 하던 이야기를 그대로 해도 누구 하나 지적하지 않습니다. 최소한 대통령이 "이게 무슨 소리야! 이런 말도 안 되는 것 말고 진짜 문제를 갖고 와서 말해!"라고 할 정도의 사람이라야 변할 수 있습니다. 그렇지 않으면 절대 바뀌지 않습니다.

국회의원의 정체

박근혜-최순실 게이트를 놓고 국회의원들이 청문회를 하

면서 무수한 말이 쏟아져 나왔지요. 물론 기대에 미치지 못했다는 평가도 있지만 검찰이 밝히지 못하는 것을 국회의원이 밝히길 바라는 것은 무리입니다. 그래도 청문회는 국민이 아주 중요한 것을 배울 기회를 제공했습니다.

국민은 무언가 역할을 해주길 기대하고 국회의원을 뽑습니다. 그런데 안타깝게도 지금 우리가 대표로 뽑아놓은 일부 국회의원에게 그럴 역량이 없다는 것이 온 국민 앞에 잘 드러났지요. 심지어 그들은 질문조차 제대로 하지 못합니다.

상대방이 "모릅니다"라고 말하면 추가 질문을 제대로 해야지요. 웬만한 부모라면 아이가 "엄마, 제가 그러지 않았어요"라고 할 경우 "그래, 네가 그러지 않았구나" 하고 말하지 않습니다.

"그래, 네가 그러지 않았구나. 그런데 왜 이게 깨져 있니? 요즘에는 스스로 깨지는 그릇도 나오나 보다. 재미있지 않니?"

"엄마, 그런 그릇이 어디 있어요? 제가 지나가다가 건드려서 깨졌어요."

이 정도는 아주 사소하지만 기본적인 능력입니다. 애를 키워본 사람은 누구나 할 수 있는 것이지요. 그런데 국회의원이라는 사람들이 그 정도 수준에도 미치지 못하는 것입니다. 그렇게 깜냥도 되지 않는 사람들이 법을 만든다고 그 자리에 있다니 그저 한숨이 나올 뿐입니다. 게다가 국회의원이 증인으로 나온 사람들과 사전에 공모해서 시나리오를 쓰고 협잡까지 했다는 것도 국민은 다 보았습니다.

국민이 얼마나 답답했으면 조금만 준비해도 알 수 있는 자료를 찾아서 손에 쥐어줍니까?

국민이 얼마나 답답했으면 조금만 준비해도 알 수 있는 자료를 찾아서 손에 쥐어줍니까? 국회의원 밑에는 보좌관들이 다 있습니다. 그 똑똑한 보좌관들이 하루만 앉아서 찾아봐도 그 정도는 찾아낼 수 있어요. 그러나 보좌관이 아무리 똑똑해도 위에서 제대로 지시하지 않으면 멀뚱하게 시간을 보낼 수밖에 없습니다.

허례허식이 없고 자전거를 타고 다니기도 하는 북유럽 국가의 정치인은 한국 정치인과는 다릅니다. 몇 개월 전 스웨덴의 한 장관이 이웃인 덴마크에 놀러갔다가 음주단속에 걸려서 사표를 내는 일이 벌어졌습니다. 무엇보다 놀랐던 것은 장관인데 기사는 무얼 하고 차를 손수 몰았느냐 하는 것입니다. 한국의 정치인이라면 고급차에 기사는 당연한 것으로 여기지 않습니까? 그것도 국민 세금으로 차량과 기사를 유지하지요.

요즘 한국의 지방자치단체에서는 군인이나 장군이 공무 시간이 아닌데 관용차를 쓰면 의문을 제기합니다. 10년 전만 해도 장군 사모님이 부대차를 타고 쇼핑을 갔다 왔다고 의문을 제기하면 이상한 사람으로 찍혔습니다. 지금은 도지사나 시장의 아내가 관용차를 개인적인 일에 쓰는 것을 당연하게 생각하지 않습니다. 이전에 이런 것을 당연시한 이유는 국민이 '이 사회에서 성공한 사람이 누려야 한다고 믿는 것'에 대해 한번도 질문해본 적이 없기 때문입니다.

그 질문을 하지 않았다는 것은 국민이 그것을 당연하게 여겼다는 의미입니다. 얼마 전, 일부 국회의원들이 자기 친척이나 자식을 비서관이나 보좌진으로 썼다가 문제가 된 적이 있습니다. 똘똘하고 쓸만 했으면 자기 애를 쓰든 친척을 쓰든 그게 무슨 문제입니까? 그때 모든 친척을 그만두게 했다는 기사를 보면서 이 또한 문제의 본질과 거리가 있다는 생각이 들었습니다.

국정 농단 청문회 때 증인을 불러놓고 질문조차 제대로 하지 못하는 국회의원의 얼굴을 국민은 똑똑히 기억하고 있습니다. 오히려 증인은 제대로 이야기하는데, 우리가 지도자라고 뽑아놓은 사람들이 한심한 수준을 드러낸 것입니다. 이것은 다음에 우리가 어떤 지도자를 뽑아야 하는지 신중하게 생각할 기회를 준 것입니다.

야당의 정체

박근혜는 역대 대통령 중 비리가 가장 없을 거라는 국민의 환상을 짓뭉갰습니다. 역사에 두고두고 입방아에 오르내릴 일을

야당은 권력을 쥐었을 때의 짜릿함이나
권력의 달콤한 속성을 여당만큼 알지 못합니다.

저질렀는데도 야당은 왜 이것을 원동력으로 삼지 못하는 것일까요? 많은 평론가가 지금의 야당이 너무 무능해서 그렇다고 말합니다. 그러면 그들은 왜 무능할까요? 그들도 자기 나름대로 열심히 머리를 굴리고 있을 텐데 말입니다.

심리학자인 제가 볼 때, 야당에서 일하는 사람들은 권력에 대한 절실함이 여당보다 약합니다. 더 구체적으로 말하면 지금의 야당은 권력을 쥐었을 때의 짜릿함이나 권력의 달콤한 속성을 여당만큼 알지 못합니다. 왜냐하면 일단 경험이 부족하고 자신들이 권력을 쥐었을 때 그 맛을 확실히 느껴보지 못했기 때문입니다. 권력으로 자신의 욕망을 충족시킨 경험이 부족한 것입니다.

'정치인은 정책을 실현하기 위해 권력을 잡으려고 한다'는 가정은 '학생이 지식을 아는 데서 오는 즐거움 때문에 공부한다'고 믿는 것이나 마찬가지입니다. 공부하는 것이 즐거워서 공부하는 애를 봤습니까? 교육 현장에서 20년 넘게 학생들을 가르친 제가 이런 말을 하는 것은 사실 부끄러운 고백입니다. 학생들이 공부를 즐거워하지 않게 만든 책임이 있으니까요. 한편으로 저는 누구도 교수나 교사에게 학생들이 즐겁게 공부하지 않는 책

'정치인은 정책을 실현하기 위해 권력을 잡으려고 한다'는 가정은
'학생이 지식을 아는 데서 오는 즐거움 때문에 공부한다'고
믿는 것이나 마찬가지입니다.

임을 묻지 않아 다행스럽게 여깁니다. 이는 현재 야당 정치인이 누리는 행운 같은 상황과 그리 다르지 않습니다.

박근혜가 권력을 잡았을 때 검찰과 경찰이 적극 나서서 서슬 퍼렇게 반대 목소리를 압박했습니다. 당시 국정원 댓글 사건을 비롯해 부정선거 의혹이 끊이지 않았지요. 그런데 야당은 이상하게도 문제 제기를 충분히 하지 않았습니다. 깨끗하고 신사적인 태도를 보이기 위한 것인지 아니면 혹시 있을지도 모를 정치 보복을 두려워한 것인지는 판단하기 어렵습니다. 분명한 것은 문제가 있었음에도 불구하고 제대로 문제 제기를 하지 않았다는 사실입니다.

민주당은 웰빙 정당이라고 불리기도 했습니다. 이는 사람들이 민주당에 대해 자신들의 안위와 욕심만 챙기려 한다고 느꼈다는 뜻입니다. 국민은 제1야당이 기득권을 유지하며 자기들끼리 잘 먹고 잘살려고 한다는 것을 간파했습니다. 야당임에도 불구하고 자신의 위치를 인정받으며 현재의 권력 구도 아래 잘 지내려 한다는 것을 알아챈 것이지요.

박근혜가 새누리당에서 권력을 행사할 때 민주당은 의아할 정도로 무기력하고 힘없는 모습을 보였습니다. 그들이 늘어놓은

변명은 기껏해야 "의석수가 적어서 그렇다"는 것이었습니다. 그런 변명 앞에서 여당은 "일 좀 해보려고 하면 야당이 발목을 잡는다"고 투덜댔지요. 한마디로 그들은 서로를 공격해야 생존하는 특이한 공생 관계였습니다.

이 상황에서 가장 딱한 것은 국민입니다. 이런 민주당을 두둔하며 '혹시 그들이 권력을 잡지 못하면 어쩌나' 하고 나라 걱정을 하고 있으니 말입니다.

지난 9년 동안 야당은 여당의 국정 무책임과 비선 실세 국정 농단을 그저 지켜보기만 했습니다. 그럼에도 국민은 누구도 야당에게 그 책임을 묻지 않습니다. 이 나라 운영과 관련된 잘못은 새누리당, 아니 지금은 껍데기를 바꾼 자유한국당과 바른정당이 모두 져야 한다고 생각하지요. 심지어 국민 대다수가 별로 한 것도 없는 야당에게 권력을 줄 정당성이라도 있는 듯 그들의 귀환을 학수고대하는 상황입니다.

대표 야당인 더불어민주당은 창당 이래 최고의 지지를 받고 있고, 많은 사람이 이 당의 대표주자가 차기 대통령이 될 것이라고 믿고 있습니다. 국민은 '야당으로의 정권 교체'를 마치 절대악惡을 물리치는 절대선으로 여깁니다. 자기 책임을 다하지 못한 교수나 교사가 다행스러움을 느끼듯 야당 정치인에게 지금은 정말 좋은 상황이라고 할 수 있지요. 어려운 상황을 잘 참고 견디면 좋은 세상이 온다는 식의 무작정과 무대책이 상책이 될 수도 있음을 현재 대한민국은 잘 보여주고 있습니다.

지성인의 정체

대한민국에서 지식을 많이 얻은 소위 '지성인'이 사회에 기여하고 싶어서 공부를 열심히 하는 것은 아닙니다. 그들이 열심히 공부하는 이유는 자기 일자리를 얻고 돈을 많이 벌어 잘살기 위해서입니다.

청소 일을 해도 사회에 기여하고 큰 도둑질을 해도 사회에 기여할 수 있습니다. 그런데 왜 공부를 열심히 하라고 할까요? 공부가 가장 쉬운 길이라서 그럴까요? 아니면 공부가 재밌어서 일까요? 이 질문이 사회에서 지성인이 어떤 역할을 하는지, 이들의 정체가 무엇인지를 알려주는 단초입니다.

자신이 한 일을 합리화하고 거기에 가치를 부여하려 할 때, 가장 포장하기 좋은 말이 '사회에 기여한다'는 것입니다. 사회에 기여하는 행동과 실제로 그 사람이 어떤 행동을 하는지는 아무런 연관성이 없습니다.

가령 교수로 일하는 지성인 중에는 학자로 지내는 것을 상당히 만족스럽게 여기는 사람이 많습니다. 하지만 그들이 만족스럽게 여기는 것은 공부하고 연구하고 또 가르치는 일이 아닙니다. '교수'라는 역할로 누릴 수 있는 여유로운 삶의 행태에 만족하는 것입니다. 그들 중에는 '아, 연구나 공부는 너무 재미가 없는데 혹시 돈을 더 벌 방법은 없을까' 아니면 '어디 더 좋은 보직이나 자리는 없나' 하고 딴생각을 하는 사람도 있습니다. 고위 공직자가 권력과 연결되기를 바라는 마음으로 사는 것과 크게 다르지 않습니다. 이들은 열심히 사람들, 특히 공무원을 만나러 다닙니다. 자신의 소위 '전문성'을 활용해 돈을 벌거나 자리를 얻을 궁리를 하는 것입니다. 청와대에서 박근혜의 충실한 청지기 역할을 한 안종범 경제 수석은 교수 출신 고위 공직자의 전형적인 모습니다.

공무원이 "이 부분 좀 도와주세요" 하면 그들은 냉큼 대답합니다.

"아, 도와주지. 불러줘서 고마워. 원하는 게 뭐야? 원하는 대로 해줄게."

한마디로 고위 공무원의 하수인 역할을 하는 것이지요. 이것은 교수뿐 아니라 의사, 변호사도 마찬가지입니다. 알다시피 관직에 진출하는 것은 특정 직업에 종사하는 사람만 가능한 일이 아닙니다. 변호사를 비롯해 전문 영역에 있는 많은 사람이 일정한 역할을 부여받으면 열심히 하수인 노릇을 합니다. 따라서 전문 영역에 있는 사람이 도덕적으로 완벽한 사람일 거라고 생각한다면 그것은 엄청난 착각입니다.

물론 대한민국에서 전문 영역의 위치에 서려면 상대적으로 치열한 경쟁을 뚫어야 합니다. 기회를 얻기가 힘들다 보니 일단 그 영역에 들어선 사람은 자신을 도덕적으로 멋있는 사람으로 포장하려 합니다. 그러나 정말 그럴까요?

4대강 사업에 찬성하는 사람은 연구비를 받았고
반대하는 사람은 연구비를 받지 않았다는 것입니다.

가령 삼성의 이건희 회장이 아랫사람에게 심부름을 시켰다고 해봅시다.

"김 상무, 이 보따리 누구한테 좀 갖다 줘."

"네."

뇌물을 배달하라고 지시를 받으면 아랫사람이 "회장님, 이런 일을 하면 안 됩니다"라고 말할까요? 아니면 자기에게 그 임무를 맡겨준 것이 고마워서 얼른 달려갈까요? 이럴 때는 대개 생존 본능이 앞섭니다. 이것은 교수나 고위 공직자, 고위 임원의 직업 윤리와 관련된 이슈가 아니라 이 사회에서 기꺼이 노예로 살면서 '노예로 사는 것이 훨씬 더 잘 먹고 잘사는 길'이라고 믿는 사람이면 누구나 할 수 있는 행동입니다. 이들에게 직업 윤리란 경쟁자를 폄하할 때 사용하는 구실이지 결코 삶의 기준이나 역할이 아닙니다.

예를 들어 4대강 사업에서 찬성하는 이론을 만든 사람과 반대하는 이론을 만든 사람을 확실히 구분하는 기준이 하나 있습니다. 그게 뭔지 아십니까? 찬성하는 사람은 연구비를 받았고 반대하는 사람은 연구비를 받지 않았다는 것입니다. 대한민국 학계가 돈을 받은 사람은 말을 잘 듣고, 돈을 받지 않은 사람은 말을 듣지 않는 경향을 보인다는 말입니다. 이는 학계가 회사처럼 사장의 말을 잘 들으면 자리를 보존하고 말을 듣지 않으면 내쫓긴다고 믿는 상황임을 의미합니다.

이처럼 전문직 종사자도 일반 회사에서 일하는 샐러리맨의 심리 상태에서 벗어나지 못하고 있으므로 무언가 다를 거라고 기대할 필요가 없습니다. 물론 일반인이 우리 사회에서 영향력이 있을 법한 특정 직업 종사자에게 기대감을 표하는 것은 충분히 이해가 갑니다. 그런데 우리가 '나보다 5~10배의 영향력을 발휘하는 누군가가 내가 아쉽거나 필요로 하는 사회 문제를 위해 노력해줄 것'이라고 기대하는 순간, 우리는 또 다른 속임수에 빠져들고 맙니다.

김기춘과 우병우의 정체

사람은 겉모습보다 마음을 봐야 합니다. 그 사람이 자기 나름대로 어떤 소명을 갖고 있고 어떤 욕망을 충족시키는지 봐야 한다는 의미입니다.

저는 욕망에 충실한 사람은 믿고 욕망에 충실하지 않은 사람은 믿지 않습니다. 그래서 차라리 김기춘이나 우병우를 믿는다고 말합니다. 이는 그들이 영양가가 없을 때는 진실을 말하지

저는 욕망에 충실한 사람은 믿고
욕망에 충실하지 않은 사람은 믿지 않습니다.
그래서 차라리 김기춘이나 우병우를 믿는다고 말합니다.

않고, 영양가가 있을 때는 충성을 다할 사람임을 믿는다는 말입니다.

사람들은 누군가가 서울대를 나왔다고 하면 막연히 '똑똑하다'고 생각합니다. 그리고 좋은 관직에 있는 사람은 '훌륭하겠거니' 또는 '그럴 만한 이유가 있겠거니' 생각합니다. 한때 사람들은 반기문이 유엔사무총장까지 지냈으니 당연히 정치를 잘할 것이라는 기대를 했습니다.

남보다 빨리 출세해 돈 많은 처가를 후광으로 업고 자신의 공직을 처가의 발전과 부를 축적하는 데 열심히 사용한 우병우는 가능하면 더 높은 권력을 얻어 자신의 영향력과 권세를 더욱더 누리는 길을 모색하며 살았습니다. 이런 삶을 원합니까? 아니면 자신의 공직을 정말로 국민을 위해 사용하고 자신이 모시는 사람이 제대로 하지 않으면 반대 의견을 피력하며, 그것이 받아들여지지 않을 경우 과감히 사표를 던지는 삶을 원합니까?

아이러니하게도 우리 중 99퍼센트는 김기춘이나 우병우처럼 살고 싶어 합니다.

서울대 법대에서 최고의 교육을 받은 김기춘이나 우병우가 확실히 배운 것은 출세와 성공을 위해 번듯해 보이는 자격과 조건을 갖추는 일입니다. 자신과 가족의 안정을 지키기 위해 필요하면 누구에게 손해를 끼치거나 양심에 걸리는 선택도 과감히 하는 삶의 방식을 배운 것입니다. 권력의 상징인 검찰, 국회, 청와대는 이러한 배움이 위력을 발휘하는 집단입니다.

우병우는 검찰에서 나와 변호사로 지낼 때, 자신이 예전과 다른 대우를 받자 모멸감을 느꼈다고 합니다. 그는 청와대에서 대통령을 위해 일하는 것을 과거의 수모를 설욕하는 좋은 기회로 삼았을 것입니다. 청와대에서 대통령이 누군가의 꼭두각시로 움직이고, 또 자신들이 하는 일이 결국 돈을 가진 자를 위한 '권력 놀음'이라는 것도 잘 알고 있었을 것입니다.

그러나 그렇게 사는 것이 성공한 삶이라 믿었기에 스스로가 영혼을 팔고 있다고는 생각지 않았을 겁니다. 자신에게 주어진 과제를 잘 해내는 것으로 착각하며 자기 나름대로 뿌듯해했을지도 모릅니다.

우병우나 그와 유사한 삶을 거치는 사람들에게 도덕적 기준이란 권력의 생리를 내면화하는 것입니다. 이런 사람들은 자신의 잘못을 스스로 인정하거나 성찰하기 쉽지 않습니다. 이들은 끊임없이 또 다른 권력을 찾고 추구합니다. 이것은 이 사회에서 공부 잘해서 최고의 자리에 오르는 일이 성공이라고 믿는 사람들의 일반적인 속성입니다. 수단과 방법을 가리지 않고 목적을 달성하는 것이 바로 이들의 삶의 노하우이자 생존 전략입니다.

지금은 김기춘이나 우병우가 나라의 망신이 되었지만,
많은 사람이 동경하는 인생의 주인공이기도 합니다.

만일 김기춘과 우병우가 스스로 무언가 잘못되었다고 느낀다면 그것은 개과천선했을 때가 아니라 자신이 답이라고 믿는 생각과 행동이 더 이상 자연스럽게 일어나지 않는 상황에 직면할 때일 겁니다. 이미 그런 마음 상태일지도 모릅니다. 이들이 현재 할 수 있는 것은 자신이 직면한 문제를 아예 인식하려 하지 않거나 현실을 더욱더 부정하는 일입니다. 국회청문회나 특검수사에서 이들이 계속 "모른다", "기억나지 않는다"라고 말하는 것은 자신의 범죄 행위를 부정하는 한편 또 다른 생존 가능성을 찾는 처절한 노력의 일환입니다.

지금은 김기춘이나 우병우가 나라의 망신이 되었지만, 많은 사람이 동경하는 인생의 주인공이기도 합니다. 대한민국 최고의 엘리트 교육을 받았고 최고 고위 공무원 자리에까지 올라간 사람들인 것이지요. 김기춘이나 우병우를 두고 '나라까지도 팔아먹을 인간들'이라고 욕하는 사람도 마음 한편에는 자신이나 자기 자식이 그런 자리에 한번 오르면 '원이 없겠다'는 마음으로 살고 있을지도 모릅니다. 이런 말을 듣고 마음이 불편한 사람도 있을 것입니다. 그러나 잘살고 싶고 남보다 번듯하고 싶은 것은 우리 모두의 '모순'과 같은 욕망입니다.

엘리트의 정체

박근혜의 가장 큰 죄는 대통령 역할을 제대로 하지 못했다는 것입니다. 그렇지만 박근혜 입장에서 대통령이 된다는 것은 그저 자기가 살던 집으로 돌아가는 것에 불과합니다. 그리고 자신을 대통령으로 만들어준 순실이가 귀찮은 일을 다 해줘서 아주 고마웠을 겁니다.

교수라도 누군가가 대신 논문과 책을 써주고 강의도 해주면 참 좋은 위치에 있는 것이겠지요. 회사에서 사장이나 임원이 무슨 엄청난 결정을 하는 것처럼 보이지만 실상은 그렇지 않습니다. 이들은 애써 고민하는 척할 뿐이고 사실 일은 그 아랫사람들이 다 합니다. 그리고 자신은 직위 때문에 제공받는 각종 혜택을 고스란히 누리지요.

대기업 임원 중에서 자신이 보고하는 프레젠테이션 자료를 스스로 만드는 사람이 얼마나 될까요? 가뭄에 콩 나듯 있긴 하지만 대개는 부하들이 해놓은 것을 줄줄 읽기만 합니다. 대기업 회장도 다르지 않습니다. 그들도 연설할 때 다른 사람이 써준 걸 보고 읽는 수준입니다. 아랫사람에게 거의 다 맡겨놓고 있는 대로 폼만 잡는 것이 대한민국을 지배하는 엘리트 집단의 능력입니다.

발표 자료를 두고 토론을 벌인다면 내용에 대한 이해도가 아랫사람에게 거의 다 맡겨놓고 있는 대로 폼만 잡는 것이 대한민국을 지배하는 엘리트 집단의 능력입니다.

현저히 떨어진다는 점이 쉽게 드러나겠지만, 우리나라 조직 문화는 토론을 권장하지 않습니다. 그런 기업, 그런 나라에 경쟁력이 있을지 고민해보는 것은 우리가 안고 있는 기본적인 숙제입니다.

최순실 국정 농단 국정감사 청문회를 놓고 대화하는 자리에 나온 TV조선의 한 패널이 이렇게 말했습니다.

"이재용 회장이 처음 대중 앞에 모습을 공개했는데, 삼성을 이끌어갈 자질이 있는지 궁금한 분이 많았을 겁니다. 아마 저렇게 긴 시간 동안 답변하는 것을 보고 일을 잘할만 하다고 생각한 분이 꽤 많았을 것입니다."

저는 이 말을 듣고 굉장히 놀랐습니다. 그 하나마나한 대답을 보고 잘한 것이라고 생각한다니 이게 말이 됩니까? 어쩌면 그 패널이 삼성장학생 출신인지도 모르지요. 오히려 저는 그 조직이 걱정스러웠던 사람이 많았을 거라고 봅니다. 대중은 '대한민국의 리더는 별로 능력이 없구나' 하는 인상을 받았을 가능성이 큽니다.

우리는 박근혜-최순실 게이트가 터진 걸 무척 고마워해야 합니다. 이런 기회가 아니면 우리가 언제 저들의 민낯을 이토록 적나라하게 들여다볼 수 있겠습니까.

그렇다고 박근혜와 최순실의 죄가 줄어드는 것은 아닙니다. 박근혜의 죄는 대통령 역할을 하지 않고 대통령 코스프레를 했다는 것인데, 이는 분명 사기입니다. 검찰과 특검에서는 사기죄보다 뇌물죄에 더 역점을 두고 있지만, 저는 더 큰 죄는 사기죄라고 생각합니다.

진보-보수 논쟁의 정체

어떤 분이 제게 이런 재미있는 질문을 했습니다.

"진보 정권, 보수 정권이라는 말을 많이 하지만 저는 대한민국 정치인이나 국민 전반에 과연 진보가 존재하는가 하는 생각을 합니다. 왜 한국 사회에서는 이승만부터 내려오는 기득권을 따라 하면 보수고, 그 사람이 잘못했다고 지적하면 진보가 된 느낌을 받는 걸까요? 그리고 왜 그런 얘기를 하면 사람들이 싫어하거나 성가셔 하는 걸까요?"

따지고 보면 대한민국 정치 집단은 모두 '보수'에 속합니다. 그럼에도 진보-보수라고 스스로를 칭하는 이유는, 자신을 타인과 구분하고 공격하기 위해 그 프레임이 필요하기 때문입니다. 그 외의 이유는 없습니다. 정당 간 공약에 차이를 거의 느낄 수 없다는 점이 그 증거입니다.

한국 사회에서는 "어떻게 살고 싶다"라고 말하면, 너무 되바라졌다거나 무언가 잘못되었다는 식의 말을 많이 듣습니다. 이것이 한국인의 심리에 흐르는 기본적인 경향입니다. '일반적으로 그렇다라고 믿는 것'을 통념이라고 하는데, 그 통념과 다른 얘기를 하는 사람을 만나면 대개는 불편해하거나 불안해합니다. 그렇게 하면 안 된다는 교육을 받기 때문입니다.

그것이 유교적 전통에서 비롯되었다고 말하는 사람도 있지만 절대 그렇지 않습니다. 그런 교육은 일제 강점기에 만들어졌지요. 유교 전통에서는 공자가 어떤 말을 하면 그 제자들이 많은 질문을 던지면서 교육이 이뤄집니다. 그러면 공자는 "네가 그런 질문을 하다니 많이 컸구나" 하면서 질문하는 제자를 격려했습니다. 다시 말해 유교의 전통은 스승이나 권위 있는 누군가에게 질문하는 걸 당연시했는데, 그것이 식민지 교육에서 처벌 대상으로 완전히 바뀌고 만 것입니다.

어떤 사람은 한국에서는 꼭 양쪽 중에서 하나를 선택해야 하는 것이냐고 묻습니다. 자신은 보수와 진보를 떠나 삶을 중심으로 옳고 그름을 따지며 살고 싶은데, 이승만과 박정희의 문제를 논하면 우파에서 난리를 치고 진보 쪽의 편견을 말하면 우익이냐며 또 집중 공격을 받는다는 것입니다.

어느 한쪽 집단에 속하지 않은 사람을 회색분자라고 하지요. 저는 지난 20년 동안 그렇게 살았는데, 10여 년 전까지는 저

사람들이 10년 전까지는 저를 신자유주의자라고 부르더니
시대가 바뀌자 종북 좌파 세력으로 몰더군요.

를 신자유주의자라고 부르더니 시대가 바뀌자 종북 좌파 세력으로 몰더군요. 실제로 달라진 것이 없는데 외부에서 바라보는 저는 자유자재로 변신하는 존재입니다.

식민지 시절과 군사독재 시대는 물론 2000년대까지도 우리의 교육은 '생존'에 가장 큰 가치를 두었습니다. 즉 우리는 생존을 그때그때의 지배적인 이념이나 가치로 포장해야 한다는 것이 가장 중요한 원리로 작동하는 사회에 살고 있습니다. 따라서 당시의 지배적인 가치와 이념, 이데올로기에 부합하는 말을 하는 것은 괜찮지만 그것과 조금이라도 다른 말을 하면 공격을 받습니다. 불만 세력이라거나 심지어 빨갱이, 보수 꼴통 하는 식의 공격을 받는 것입니다.

분명 생각이 서로 다를 수도 있는데, 우리 사회에서는 다름을 인정받기가 굉장히 어렵습니다. 왜 그럴까요? 그것은 사람들이 '내 것을 다른 누구에게 빼앗기지는 않을까?' 하면서 불안감이나 피해의식을 가지고 살아가는 심리 상태에 있기 때문입니다. 어떻게 해야 그러한 심리 상태에 놓이지 않을지 생각해보는 것은 의미가 있습니다.

법의 정체

법이 정의를 실현하는 것을 보았습니까? 대한민국에서는 박근혜 탄핵을 놓고 설왕설래가 아주 많았고 지금도 많습니다. 분명 박근혜는 법으로 정의의 심판을 받은 대상인데, 아무도 그걸 놓고 법이 정의를 실현했다고 인정하지 않습니다.

"헌재가 탄핵을 인용해서 박근혜가 청와대를 떠났으니 마침내 정의가 실현됐어."

"아냐. 교도소에 가야 정의를 실현한 거야."

"아냐. 박근혜가 교도소에서 사망해야 정의를 실현한 거야."

이것은 대한민국에서 정의 실현조차 사람들의 공유나 공감을 얻기가 쉽지 않다는 것을 보여줍니다. 어쩌면 정의는 이 나라에서 항상 실현해왔을 수도 있고 전혀 실현하지 못했을 수도 있습니다. 그것은 어떤 법조문을 하나 따르는 것이 아니라 내가 무엇을 정의로 보는지에 달려 있습니다.

정의란 무엇일까요? 보통 법대에 가면 저울을 들고 있는 여신을 볼 수 있는데, 그 여신은 눈을 가리고 있습니다. 바로 그것이 정의입니다. 정의의 여신이 눈을 가린 것은 특정 개인이나 집단에 정의가 좌지우지해서는 안 된다는 것을 의미합니다. 이는 정의가 '절대선'을 의미하지 않는다는 뜻이기도 합니다.

저울은 균형을 맞추는 존재입니다. 서양에서 말하는 정의의

정의는 이 나라에서 항상 실현해왔을 수도 있고
전혀 실현하지 못했을 수도 있습니다.

핵심 개념은 균형을 맞추는 것입니다. 《정의란 무엇인가》에서 마이클 샌델은 이런 말을 합니다.

"한 사회에서 균형은 어떻게 맞출 수 있는가? 사람들이 가지고 있는 각자의 욕망이 다르고 그 욕망을 충족시키는 방식도 다른데, 그 사회에서 각기 다른 개개인의 욕망이 어떻게 균형을 이루도록 할 것인가 하는 것이 정의다."

만약 나는 균형이 이뤄졌다고 생각하는데 저울이 기울어져 있으면 내게 그것이 보일까요? 아닙니다. 그럼 누가 그 균형을 맞춰야 할까요? 고대 로마 사람들은 그 균형을 법이 맞춰야 한다고 주장했습니다. 이것이 법의 존재 이유이자 그들이 정의의 여신을 자신들의 후원 신으로 모신 이유입니다.

균형을 맞추는 사람을 우리는 기술자라고 부릅니다. 실제로 고대 로마인은 엄청난 엔지니어입니다. 로마의 그 많은 도로와 건축물을 보십시오. 고대 그리스 사람들은 인간을 인문학적으로 이해하려 했고, 로마 사람들은 정복하고 건물을 짓는 데 몰두했습니다. 그래서 로마인들은 학문 발달에 거의 기여하지 못했는데 유일하게 그들이 기여한 학문이 법입니다.

대한민국 헌법 법조문을 처음 만들 때 일본의 법전을 기초

사람의 심리는 개인적이고 정치는 개인을 벗어난다고 말하지만,
개인이 모여 사회를 이룹니다.

로 했습니다. 일본에서 공부한 사람들이 대부분 대한민국의 지식을 주물렀으니까요. 무언가를 만들 때는 누구나 자신이 아는 것을 기반으로 하게 마련입니다. 이후 미국법, 독일법, 프랑스법을 조금씩 받아들여 개정해온 것이 오늘날 우리 헌법입니다.

우리의 통념적 사고는 정치 문제를 개인에게 환원하지 말고 시스템이나 제도로 해결해야 한다는 것입니다. 그리고 법이나 제도가 정치와 연관되어 있다고 믿습니다. 우리는 법에 개인적 성향을 반영한다는 생각을 아예 하지 않습니다. 그러나 법은 엔지니어링에 가깝습니다. 우리가 법을 엔지니어링이라 말하고 개인의 수준에서 벗어났다고 믿는 이유는, 막연히 법은 개인과 개인의 관계나 사회 집단 영역에서 작동한다고 생각하지 한 개인에게만 작동하는 것은 아니라고 보기 때문입니다.

재미있는 것은 법을 강조한 로마인이 실제로 사람에게 그다지 관심을 보이지 않았다는 점입니다. 아예 관심을 갖지 않으려고 했지요. 그들은 항상 외부 환경에 관심을 집중하며 살았습니다.

사람의 심리는 개인적이고 정치는 개인을 벗어난다고 말하지만, 개인이 모여 사회를 이룹니다. 왕조 체제나 신분제 사회에

서는 개인을 중심으로 한 정치는 의미가 없습니다. 그러나 민주주의는 개개인이 중심이 되는 시스템입니다. 대표를 뽑는 것도 개개인인데 대표를 개인으로 인식하면 그 대표가 사리사욕을 추구한다는 비난을 받을 위험이 있기 때문에 끊임없이 개인은 없고 집단만 존재한다는 논리를 펼치는 것입니다. 이런 논리로 인해 이 사회에서 법은 인간의 심리나 필요성에 기초해 만들어지기가 어렵습니다. 특정 정치 세력의 필요성이나 막연한 당위성, 특정 집단의 이익을 위해 만들어지는 것이 일반적입니다.

그러다 보니 국회에서 열심히 법을 만들지만, 실제로 국민에게 효용이 있는지 의문이 드는 것입니다. 이런 의구심은 정말 필요한 법이 만들어져야 할 경우에도 정치적 공방 정도의 문제로 치부해버리게 하는 결과를 낳습니다. 이 모든 문제는 인간의 세밀한 감정은 고려하지 않고 '법과 제도'만 만들면 무조건 된다고 믿는 잘못된 생각이 빚어낸 것입니다.

안보의 정체

한때 강남에 커다란 현수막이 내걸려 있었습니다.

"안보는 저희 새누리당이 책임지겠습니다."

자유한국당의 전신인 새누리당은 유난히 안보 이슈에 기세

등등하지만, 저는 그들이 안보 이슈를 들먹일 때마다 이상하다는 생각이 듭니다. 북한을 자극하고 그들이 남한을 위협하게 만드는 짓은 자유한국당이 잘할까요, 아니면 민주당이 잘할까요? 알다시피 자유한국당입니다. 이 얼마나 아이러니한 일입니까? 북한이 미사일을 쏘아대며 남한을 위협하는 것을 두고 안보라고 합니까? 오히려 그렇게 하지 않도록 하는 것이 안보가 아닙니까? 우리는 이런 질문을 던져야 합니다. 특히 민주당은 자유한국당을 향해 이렇게 되물어야 합니다.

"너희들은 서로 총질하고 미사일 쏘면서 싸우자는 거냐?"

그럼 자유한국당은 뭐라고 할까요? 선뜻 싸우자고 대답하지 못합니다. 고작 대비해야 한다는 말만 할 뿐이지요. 그럼 미국에서 전투기와 미사일을 사오고 사드를 배치하는 것이 대비하는 것입니까? 어떠한 대비를 하든 그것은 전쟁이 일어나지 않도록 예방하는 것만 못합니다. 자극하고 무기를 들여오는 것은 괜한 불안감만 조성하는 꼴이지요. 그런데 저는 야당 측에서 왜 그렇게 무책임한 짓을 하느냐고 여당 쪽에 따끔하게 공격하는 것을 못 봤습니다.

휴전선에서 대북 방송을 하는 것이 마치 상당한 효과라도 있는 듯 언론에서 떠듭니다. 그런데 그 대북 방송을 실제로 들으면 '왕왕왕왕' 하는 소리로 들립니다. 개성에서는 무슨 말을 하는지 하나도 들리지 않습니다. 대북 방송이 효과적이라는 말을 하려면 증거를 보여주어야 하는데, 그들이 말하는 증거라는 것이 탈북자들이 대북 방송을 듣고 탈북했다는 겁니다. 그런데 탈북한 사람들의 90퍼센트 이상이 함경북도, 함경남도에 사는 사람들입니다. 그들이 휴전선에서 내보내는 대북 방송의 영향을 받았다는 것이 과연 말이 될까요?

솔직히 일반인은 미심쩍은 것이 있어도 말하기가 어렵습니다. 그렇다면 정치인이라도 말을 해야 하는데 그런 면에서 야당 정치인들은 너무 무책임하다는 생각이 듭니다. 북한 관련 이슈는 외교통일위원회, 국방위원회 소속 국회의원들이 얘기해야 하지만 저는 이들이 대북통일정책이나 관련 기만술에 관해 분명하게 짚어내는 것을 거의 본 적이 없습니다.

박근혜 정부가 보인 기만술 중 하나가 방산 비리입니다. 그 방산 비리가 가장 심한 곳이 육군이고 그다음이 공군입니다. 한데 방산 비리가 가장 적고 해먹고 싶어도 해먹을 데가 없는 해군을 때려잡았습니다. 진짜 덩치 크고 영양가 있는 육군과 공군은 언급조차 하지 않았지요. 대표적으로 병영에서 병사들에게 전원 침대를 제공하겠다고 했고 지난 10년 동안 여기에 6조 8,000억을 쏟아 부었습니다. 그데 아직도 침대를 사용하는 병사의 비율이 50~60퍼센트에 불과해 앞으로 3~4조 원이 더 필요하다고 하지요.

병사들에게 개인 침대 막사를 만들어주기 위해 추가로 필요한 돈을 현재의 군인 숫자로 나누면 일인당 60만 원씩 돌아간다고 합니다. 지금 모든 병사한테 60만 원이 넘는 침대를 해줄

북한과의 긴장 관계를 높여서 무기를 더 많이 사들이고
병력을 보충해야 한다고 주장하면 할수록,
현재 권력을 쥔 사람이 빼먹을 게 더 많이 생깁니다.

만한 예산을 요청하고도 거기에 대해 아무도 언급하지 않는 데가 육군입니다. 이런 식인데 방산 비리를 척결한다 해놓고 엉뚱하게 해군을 때려잡다 유야무야 만들어도 누가 나서서 지적하지도 않습니다.

지금까지 거둬간 돈은 죄다 누구의 주머니에 들어갔을까요? 북한과의 긴장 관계를 높여서 무기를 더 많이 사들이고 병력을 보충해야 한다고 주장하면 할수록, 현재 권력을 쥔 사람이 빼먹을 게 더 많이 생깁니다. 대한민국 군인에게는 지금 전쟁을 수행할 능력이 없습니다. 전시작전권이 우리에게 있지도 않습니다. 자기 나라 땅에서 스스로 군사작전도 펼치지 못하는 군대가 무슨 전쟁 준비를 한다는 겁니까?

더구나 멀쩡한 청년들이 군대에 가면 갑자기 군대부적응자로 찍히거나 사고를 친다고 정신이상자로 모는 이런 이상한 나라가 어디 있습니까? 또 자살률은 왜 그리 높은지요. 군 지휘관들에게 이걸 지적하지 않는 것도 마찬가지입니다.

그러면서 자유한국당은 선거철만 되면 안보 이슈를 끄집어냅니다. 그럴 때 야당 쪽 정치인이 허구와 사기를 정확히 밝혀내기 위해 얼마나 노력했는지 궁금합니다.

지난번 선거의 대표적인 이슈 중 하나는 NLL입니다. 이건 정말 코미디 같은 이슈입니다. 그런데 아무도 그걸 적극적으로 이야기하지 않았습니다. 지금 우리가 멀쩡하게 NLL을 지키고 있는데 노무현이 NLL을 갖다 바쳤다고 난리를 치고, 김무성과 이정현이 나와서 온갖 이상한 소리를 해댔지요.

자유한국당에서 큰 소리를 치면 국민은 정말 그런가 보다 합니다. 그럴 때 야당 정치인 중 누군가가 나서서 강하게 반응을 보이지 않은 신념은 대체 무엇입니까? 설마 그걸 믿겠는가 싶어 대응하지 않았을 수도 있습니다. 문재인은 안보 이슈가 나오면 그의 아버지가 실향민이라 북한과 훨씬 더 연계가 있을 거라는 공격을 받습니다. 노무현은 장인이 6·25 때 부역을 했다며 어떻게 할 것이냐는 공세를 받자 맞받아쳤습니다.

"지금 마누라를 버리라는 얘기냐!"

이렇게 말하면 더 이상 공격하지 않습니다. NLL도 똑같은 이슈입니다. 그럴 때 야당의 대응은 정말 아쉬웠습니다.

자유한국당이 만든 프레임은 대중에게 상당히 설득력이 강하고 잘 먹힙니다. 설득력 있는 프레임으로 잘 만들기 때문입니다. 이건 대중의 심리를 잘 알고 있다는 의미입니다. 대중의 심리를 잘 알아서 사기 치는 데 능숙한 것인지, 심리를 몰라도 워낙 사기를 잘 치는 것인지는 모르겠지만 아무튼 대응을 잘합니다. 지난 대선 때 광고를 보면 민주당이 자유한국당보다 수준이 좀 떨어집니다. 흔히 사람들은 설득으로 생각이 바뀌기보다 자신이 믿고 싶어 하는 것을 더 잘 알려주는 쪽으로 기웁니다.

자유한국당은 이번 대선에서도 분명 안보 이슈를 들고 나올 것입니다. 그들의 공격에 당당히 맞받아치는 전략이 지금 야당에 있는지 의문입니다. 있다면 다행이고, 없다면 종전과는 다른 전략을 고민해야 할 때입니다.

5장

정치는 결혼이다

한국인의 정치 심리는 어떻게 작동하는가

자기 욕망을 제대로 아는 것

결혼을 앞둔 젊은이를 만나면 제가 물어봅니다.

"왜 그 사람이랑 결혼하려고 하세요?"

그러면 열에 아홉은, 당연한 걸 왜 묻느냐는 표정으로 이렇게 대답합니다.

"그냥, 좋아서요."

저는 그 대답을 대충 넘기지 않고 한 걸음 더 들어갑니다.

"그냥, 어떤 점이 그렇게 좋은데요?"

또 열에 여덟아홉은 '지금 싸우자는 거야' 하는 표정을 지으

욕망이 분명하지 않으면
그 사람에게 만족한 순간이 한 번도 없기 때문에
모든 것에 실망하고 맙니다.

며 대답합니다.

"성격이 좋아서요."

"대화할 때 잘 통해서요."

"서로 좋아하는 영화 장르가 똑같아요. 취향이 같죠."

과연 이들은 결혼 생활을 얼마나 유지할까요? 저는 이렇게 말하는 사람치고 결혼 생활을 오래 유지하는 걸 못 봤습니다. 유지하더라도 한 공간에 살면서 마치 서로 다른 세상에 사는 사람들처럼 지냅니다.

차라리 사람들이 자기 욕망을 또렷하게 밝히면 '그럭저럭 잘 살겠구나'라고 생각합니다.

"저 사람이 능력이 있어서 적어도 저를 굶기지는 않을 것 같아서요."

"저 사람 집에 돈이 많아서요."

"저 사람이 굉장히 잘생겨서요."

자기 욕망을 확실하게 드러내면 나중에 그 욕망이 바뀌더라도, 한계효용체감의 법칙에 따라 욕망이 생각만큼 채워지지 않더라도, 최소한 자신이 무엇에 만족했는지 분명히 알기에 크게 실망하지 않습니다.

반면 욕망이 분명하지 않으면 그 사람에게 만족한 순간이 한 번도 없기 때문에 모든 것에 실망하고 맙니다.

배우자에게 기대하는 바가 없다는 것은 '자신이 정말로 원하는 것이 무엇인지 제대로 생각해보지 않았다'는 말과 같습니다. 자기 욕망을 제대로 생각해본 적도 없으면서 타인에게 "너는 나를 한 번도 만족시켜준 적이 없어"라고 말하는 것은 너무 이기적인 일이 아닐까요?

'자기 욕망을 제대로 아는 것'은 결혼 생활 유지에 결정적인 영향을 미치지만, 많은 사람이 배우자를 선택할 때 '대충'이라는 기준에 휘둘립니다.

"진짜 부자는 아니고 대충 먹고살 만해."

"잘생긴 것은 아니고 대충 봐줄 만해."

"성격이 대충 쓸 만해."

'대충'이라고 말할 때, 좀 더 자세히 선택 이유를 물어보면 대답하기 곤란해 합니다. 시시콜콜 따지고 들면 사랑을 의심하거나 부정하는 것 같은 느낌이 들어 다들 말을 꺼리지요. 한데 뭐든 대충이다 보니 막상 결혼하면 모든 것이 불만으로 다가옵니다. 돈도 성격도 인물도 확실히 좋은 게 아니니 당연히 정말로 원하는 것을 충족시키긴 어렵지요. 그렇게 불만이 쌓이다 보면 점점 '또 다른 선택 기회가 있으면 더 잘할 텐데' 하는 심리로 바뀝니다.

결혼과 대통령 선거

개인이 결혼하고 나서 보이는 특성과 국민이 대통령을 선택한 뒤에 보이는 특성은 크게 다르지 않습니다. 배우자를 선택하는 것과 대통령을 뽑는 일에는 같은 심리가 작동합니다.

왜 특정 후보를 뽑으려고 하느냐, 왜 지지하느냐 하고 물으면 대개는 이렇게 답합니다.

"그나마 가장 나은 것 같아서요."

무엇이 가장 나은 것 같으냐고 물으면 '얘, 뭐야' 하는 표정으로 돌변해 "딱 보면 알지 않느냐"고 말합니다. 잘 모르겠으니 대답해달라고 하면 공약이 마음에 든다, 리더십이 있다, 사심이 없고 깨끗한 사람 같다 등 자신이 생각하는 대통령의 조건을 얘기합니다.

"좋습니다. 그럼 그 후보가 당신이 원하는 바를 이뤄줄 것 같습니까?"

마지막으로 이 질문을 던지면 열에 아홉은 입을 다뭅니다. 한번도 그 생각을 해본 적이 없기 때문입니다. 이 질문은 이렇게 바꿀 수 있습니다.

"그 후보가 대통령이 되었을 때 충족하고 싶은 당신의 욕망은 무엇입니까?"

제가 자꾸 욕망을 묻는 이유는 대충 괜찮아서 하는 결혼이

대충 괜찮아서 하는 결혼이 후회를 남기듯
대충 나아 보여서 뽑은 대통령에게
우리는 언제나 속았다는 느낌을 받습니다.

후회를 남기듯 대충 나아 보여서 뽑은 대통령에게 우리가 언제나 속았다는 느낌을 받았기 때문입니다. 적어도 속았다는 느낌을 받지 않으려면 남들이 규정하는 대통령의 일반적인 조건에 맞춰 사람을 뽑아서는 안 됩니다.

흔히 말하는 잘생기고 성격 좋고 돈도 많은 괜찮은 배우자감과 결혼하면 정말 행복할까요? 내 행복이 그처럼 남들이 괜찮다고 하는 조건으로 충족시킬 수 있는 것인가요? 마찬가지로 남들이 말하는 대통령의 조건에 맞는 사람이면 좋은 대통령이 될까요? 다른 사람에게 최고의 대통령이 내게는 최악의 대통령이 될 확률은 없나요?

혹자는 대통령의 리더십을 몇 가지 당위적인 행동 준칙으로 설명하기도 합니다.

"사심 없이 국가의 이익을 위해 일하는 사람, 자신을 희생하더라도 어떤 상황에서든 국민을 보호하는 사람, 불의와 투쟁하는 사람."

꽤 그럴듯한 준칙입니다. 대통령이라면 당연히 이런 준칙을 따라야겠지요. 하지만 그도 인간이기에 그렇게 하지 못합니다. 그럼 대통령이 대통령 역할을 포기해야 할까요, 아니면 자신이 잘할 수 있는 행동 준칙을 만들어야 할까요?

정확한 답은 자신의 행동 준칙을 만들어 그에 따라 대통령 역할을 해야 한다는 것입니다. 문제는 지금까지 대한민국 대통령이 자기만의 행동 준칙을 만들어 좋은 대통령, 성공한 대통령으로 자리매김한 경우가 없다는 데 있습니다. 왜 그럴까요?

박근혜만 봐도 자신은 사심이 없고 오로지 국민을 위해 자신을 희생하며 일했다고 말합니다. 소위 '친박' 집단도 그렇게 믿고 말합니다. 그런데 사심 없이 국민을 위해 자신을 희생한 대통령에게 국민은 그 자리에서 내려오라고 요구했고, 결국 그녀를 파면했습니다.

국민의 95퍼센트가 사퇴를 요구할 때, 그녀와 그녀를 지지하는 사람들은 태극기를 흔들며 탄핵을 바라는 '불의'한 집단과 투쟁했지요. 심지어 군사 쿠데타를 요구하기까지 했습니다. 사심 없이 국민을 위해 희생한다는 것이 어찌 이리 다르게 쓰이고 또 받아들여지는 것일까요?

대통령 선거와 결혼에 똑같은 심리가 작동한다는 것은 제가 이미 15년 전부터 한국인의 심리를 분석하며 주장한 내용입니다. 그러나 아무도 그 말에 귀를 기울이지 않았지요. 이후 이명박과 박근혜 때도 열심히 말했지만 아무도 듣지 않았습니다. 대한민국 국민은 대통령과 이혼하면서 대가를 톡톡히 치렀지요. 이미 너무 엄청난 위자료를 지불했고 앞으로도 지불해야 할 판입니다.

하늘을 우러러 한 점 부끄러움 없이 깨끗하게 살고 싶다면 산에 들어가 속세와 인연을 끊는 게 빠릅니다.

이렇게 결혼하면 속고, 이렇게 뽑으면 속는다

정치인이 국민 앞에 나설 때, 흔히 하는 말이 있지요.

"순수하고 깨끗한 마음으로 정치를 하겠다!"

이게 정말 가능한 일일까요? 순수하고 깨끗한 마음이라면 이슬만 먹고 살겠다는 얘기인데, 한낱 인간일 뿐인 정치인이 이럴 수 있을까요? 이런 말을 하는 정치인은 스스로 '나는 거짓말쟁이'라고 말하는 것이나 마찬가지입니다. 어쩌면 이렇게 반박할지도 모릅니다.

"그럼 더러운 마음으로 해야 합니까?"

더러운 마음으로 하든 깨끗한 마음으로 하든 그건 중요치 않습니다. 살다 보면 어쩔 수 없이 더러워지게 마련입니다. 더러워지면 보통 어떻게 합니까? 당연히 씻습니다. 그런데 더러운 것을 더럽다고 인정하고 깨끗이 씻거나 바꾸려고 노력하는 자세로 정치를 하는 사람을 찾아보기란 쉽지 않습니다.

하늘을 우러러 한 점 부끄러움 없이 깨끗하게 살고 싶다면 산에 들어가 속세와 인연을 끊는 게 빠릅니다. 설사 산속에서 살아도 산짐승을 죽이거나 열매를 따먹어야 하니 그것조차 깨끗하게 살기는 힘듭니다. 진정 깨끗하려면 조용히 세상을 하직하는 수밖에 없습니다. 이것이 있는 그대로의 사실입니다.

정치인에게 깨끗한 정치를 요구하는 것은 인간이 아니라 신으로 살기를 요청하는 것과 똑같습니다. 이것은 깨끗한 정치인이 좋은 정치인이라는 통념에서 나온 허황된 요구일 뿐입니다. 이 통념은 정치인뿐 아니라 우리 자신까지 속입니다. 우리 사회에서 깨끗한 정치를 볼 수 없는 이유는 정치인이 못나서라기보다 불가능한 미션을 주고 그것이 실현가능할 거라고 믿는 우리의 잘못된 기대와 통념 때문이기도 합니다.

인간은 남에게는 깨끗한 척하지만 실제로는 깨끗할 수 없습니다. 알다시피 우리 뱃속에는 이미 더러운 것이 상당히 많이 들어 있습니다. 그걸 매일 잘 배설해야 건강하게 살지 세상을 깨끗하게 하겠다고 뱃속에 계속 갖고 있으면 죽습니다. 이것이 인간 본연의 모습입니다.

우리는 깨끗한 사람이 아니라 자기가 더러우면 더럽다고 인정하고 깨끗해지려 노력하는 사람을 선택해야 합니다. 그런데 정치인은 흔히 어떻게 말합니까?

"저는 지금까지 한 점의 사익도 추구하지 않고 국가를 위해 살아왔습니다."

이게 제정신으로 하는 말일까요? 아마 이 사람은 자신이 깨끗한지, 더러운지조차 분별하지 못할 겁니다. 이런 사람이 할 수

정치인의 말을 그대로 믿기보다 일단 의심하고
따져보기만 해도 사기를 덜 칠 사람을
어느 정도 감별할 수 있습니다.

있는 일이란 거짓말을 하거나 자신이 행한 모든 것을 부정하는 것뿐입니다.

정치인의 말을 그대로 믿기보다 일단 의심하고 인간의 본래 속성을 따져보기만 해도 우리는 그나마 거짓말을 덜할 사람, 사기를 덜 칠 사람을 어느 정도 감별할 수 있습니다. 맹목적 지지로 분별력이 무너지면 이상한 기대를 하면서 사람을 선택한 뒤 나중에 후회하는 경우가 많습니다.

연애할 때 남자친구가 "내 사랑은 영원히 변치 않을 거야"라고 하는 말을 그대로 믿는다면 이미 스스로 속을 준비를 한 셈입니다. 이 말을 믿고 결혼한 사람은 백이면 백 속았다고 생각합니다. 결혼하려는 일념으로 남자친구가 나를 속인 것일까요? 물론 그럴 수도 있지만 당시에는 그 말이 진심이었을지도 모릅니다. 남자친구가 당신을 정말 사랑했고 스스로 그 마음이 변치 않으리라고 믿은 것이죠. 그런데 인간은 어떤 존재입니까? 자기 마음을 자기도 모르는 존재입니다. 더구나 끊임없이 변하는 존재입니다. 인간의 속성을 제대로 파악하지 못하고 속은 사람도 잘못입니다.

사심이 없다는 정치인의 말을 곧이곧대로 믿은 사람은 분별력을 갖추지 못한 자기 자신을 되돌아봐야 합니다. '나는 변치 않아'라는 남자친구의 말을 철석같이 믿은 사람도 인간에 대한 성찰이 부족한 자신을 돌아봐야 합니다. 분명 속은 사람에게도 잘못이 있습니다. 오늘날의 대한민국 상황은 박근혜를 대통령으로 뽑은 우리에게도 잘못이 있습니다. 알면서 당했으니 더 쪽팔리는 겁니다. 어찌 이리 쉽게 속았을까요? 그래서 다시 묻게 됩니다. 그럼 다음에는 어떻게 해야 잘 뽑을 수 있을까요?

욕망에 직면하기

대통령을 선출한 뒤 기대감과 만족도가 급격하게 떨어지고 지지도가 내려가는 일은 결혼해서 '짧은 허니문' 기간을 지나자마자 배우자에게 급속히 실망하는 심리 상태와 유사합니다.

결혼하고 2, 3년만 지나면 사람들은 스스로에게 묻지요.

"내가 정말 제대로 선택한 것인가? 만약 다른 선택 기회가 있거나 타임머신을 타고 과거로 돌아가도 다시 이 사람과 결혼할 것인가?"

결혼 생활에서 벌어지는 이런저런 문제로 제게 상담을 요청하는 사람들의 공통적인 '호소'는 배우자의 태도가 결혼 전과 180도 달라졌다는 말입니다. 예를 들면 성격이 밝아서 결혼했는

그 사람의 일부를 전부라고 착각하면 결혼은
재앙으로 끝나기 십상입니다.

데 알고 보니 조울증 탓에 1년의 절반을 우울 모드로 산다거나, 화끈하고 통이 커서 결혼했는데 하루가 멀다 하고 벼락같이 화를 낸다는 경우가 있지요.

대통령이 되기 전에는 국민을 위해 헌신하고 희생하고 무슨 일이든 책임질 것처럼 보이던 그 사람은 왜 대통령이 된 후 달라질까요? 그 사람은 실제로 헌신적이고 희생정신과 책임감이 투철한 사람일까요? 혹시 대통령이 되기 위해 '그런 척 코스프레'한 것은 아닐까요?

연애할 때의 남녀관계와 결혼 후의 남녀관계는 '관계 모드' 자체가 다릅니다. 아예 새로운 관계를 시작하는 것이므로 세팅까지 달라져야 합니다. 그 새로운 관계에서 이전에 알던 매력 요소는 더 이상 유효하지 않을 가능성이 높습니다. 연애 시절 '잠깐 만나 데이트할' 때는 미처 몰랐던 상대의 어떤 모습이 결혼하고 '매일 살을 부비며 사는' 동안에는 고스란히 드러납니다. 애초에 우리는 그 사람의 전부를 알고 결혼하는 게 아닙니다. 그 사람의 일부를 전부라고 착각하면 결혼은 재앙으로 끝나기 십상입니다. 아니면 평생을 지옥 속에서 살아야 하지요.

'대통령 후보'가 '대통령'이 되었을 때, 우리가 그와 관계를 맺는 방식도 이와 같습니다. 그는 사람들이 흔히 말하는 '대통령의 자질'에 걸맞은 사람으로 보이기 위해 부단히 노력했을 겁니다. 하지만 일단 대통령이 되면 그럴 필요가 없지요. 한 표를 호소할 때는 유권자가 갑이고 후보가 을입니다. 반면 표를 얻어 대통령이 되면 그는 갑 중의 갑, 슈퍼울트라 갑으로 변합니다.

대한민국처럼 갑을 관계 문화에 익숙한 사회에서 평소 '울트라 을'로 살던 사람이 막강한 권력을 쥐면 '울트라 갑'으로 변하는 것은 당연한 일입니다. 이 변화를 단순히 인품이나 자질 문제로 치환하는 것은 애초에 관계 성찰이 부족하기 때문입니다. 막연히 대통령을 탓하기보다 인간의 본성과 관계의 속성을 간파하는 것이 더 중요합니다.

결혼할 때는 대개 '눈에 콩깍지가 씐다'는 말에 걸맞게 사랑하는 감정에 눈이 멀지요. 눈이 멀면 아무것도 보이지 않습니다. 상대의 진짜 모습과 단점 따위는 전혀 관심 대상이 아닙니다.

대통령 후보를 향한 맹목적인 지지도 마찬가지입니다. 그에게 자신이 바라는 이상적인 대통령을 투사하며 단점이나 우려스러운 부분은 보려고 하지 않습니다. 진실을 알려고 하지 않거나 심지어 그것을 두려워합니다. 그렇게 뽑은 대통령과 2, 3년을 지내다 보면 어떻게 변할까요? 비만 와도 그 사람을 탓합니다.

무모한 선택을 멈추려면 눈을 똑바로 뜨고 내가 원하는 것이 무엇인지 생각해야 합니다. 그리고 대통령 후보를 쭉 세워놓고 내가 원하는 것을 실현해줄 사람이 누구인지 선택하는 것

무조건 누구는 된다, 누구는 안 된다 하는 식이면 곤란합니다.

입니다.

누굴 뽑을지 고민할 때는 내가 무얼 원하는지, 즉 '내 욕망'을 가장 크게 고려해야 합니다. 무조건 누구는 된다, 누구는 안 된다 하는 식이면 곤란합니다.

사람들은 대부분 자기 욕망과 직면하고 싶어 하지 않습니다. "네 생각을 말해봐"라고 하면 사람들은 대개 외면하고 회피합니다.

우리는 앞에서는 창의적 인재를 키운다면서 정말로 내 생각을 있는 그대로 말하면 뒤에서 "쟤, 뭐야", "그런 생각을 하면 안 돼" 하며 모난 돌을 정으로 내리치는 사회에서 자라왔습니다. 그런 탓에 지적당할까 봐 웬만하면 입에 지퍼를 달고 사는 것에 익숙합니다. 나서지 말자, 괜히 분란을 일으키지 말자는 분위기가 우리 사회를 지배하고 있지요. 그러면서 야단을 맞지 않으면 '아, 내가 제대로 살고 있구나' 싶어 위안을 받습니다. 이는 벌을 받고 협박당할까 봐 두려움에 떨며 욕망을 거세당한 채 지내는 것이나 다름없습니다. 자신이 원하는 것을 숨기고 사회가 시키는 대로, 주위에서 원하는 대로 고분고분 지내는 모습은 마치 중세 시대 노예의 모습과도 같습니다.

가장 무서운 녀석은 자기가 원하는 걸 해줄 때까지
부모에게 조르는 녀석입니다.

가장 무서운 녀석

자신이 원하는 것이 있을 때는 어떻게 해야 할까요? 말로 표현해야 합니다. 상대방이 그걸 곧바로 들어주면 다행이고 들어주지 않으면 들어줄 때까지 말하면 됩니다. 가장 무서운 사람이 누구인지 아십니까? 자신이 원하는 것을 충족시킬 때까지 밀고 나가는 사람입니다. 애를 키울 때 가장 무서운 녀석은 자기가 원하는 걸 해줄 때까지 부모에게 조르는 녀석이지요. 가장 무서운 인간은 자기가 원하는 것이 이루어질 때까지 자기 욕망을 끝까지 이야기하는 인간입니다.

반면 노예는 어떻습니까? 노예는 자신이 원하는 게 있어도 말하지 않습니다. 그렇게 하지 못하도록 교육받았기 때문입니다. 어릴 때부터 자신이 원하는 것을 말하지 못하게 가로막는 교육을 받으면 저절로 '노예근성'이 생깁니다. 우리는 그런 교육을 수십 년 동안 받았고 그것은 여전히 진행 중입니다.

왜 내가 생각하는 것을 표현하지 못하게 가로막는 걸까요? 어떤 말을 하면 "그래 잘했어"가 아니라 "무슨 말도 안 되는 소리를 하느냐"는 핀잔이 돌아옵니다. 말이 되든 되지 않든 이야기할 수 있게 기회를 주는 것이 마땅한 일입니다. 이것이 바로 우리가 가장 기본적으로 누려야 할 표현의 자유라는 것입니다. 어떤 사람의 말이 막말이라고 매도당할 때 우리는 "왜 그것이 막말이지?"라고 질문하지 않습니다. 이것은 우리 모두가 노예 심리 상태에 놓여 있어서 그런 겁니다.

대선 후보 중 문재인의 지지율이 가장 높습니다. 그러면 우리는 그를 통해 어떤 욕망을 충족시키려 하고 있습니까? 여러 후보를 놓고 당신은 자신의 욕망을 말하고 있습니까, 아니면 인성이나 품성을 말하고 있습니까?

당신이 원하는 사람은 착하고 좋은 사람입니까? 그건 정말 끔찍한 일입니다. 박근혜도 착하고 좋은 사람입니다. 아쉽게도 순실이 말만 들어서 탈일 뿐이지요.

대선 후보 문재인에게 투사하는 당신의 욕망은 무엇입니까? 그 욕망을 표현해봅시다. 욕망을 말하라고 하면 재밌게도 이렇게 말하는 사람이 있습니다.

"제 욕망을 말한다고 해서 들어나 줄까요? 제 욕망을 이야기한다고 그가 제 마음대로 움직이는 것도 아니잖아요."

지금 쥐가 고양이를 걱정하고 있는 겁니까? 그래 놓고 늘 국민의 마음을 잘 어루만지고 보살피며 소통하는 대통령이 되었으면 좋겠다고 말합니다. 부모도 자기 자식 마음조차 잘 모르는데 대통령이 국민의 마음을 어떻게 파악합니까? 부모도 해주지 못하는 일을 어떻게 대통령한테 원할 수 있습니까?

누구를 뽑더라도, 즉 이명박, 박근혜, 트럼프 같은 사람을 뽑더라도 자신이 원하는 것을 정확히 알고 뽑아야 합니다. 그리고 그것을 그들에게 명확히 요구해야 합니다. 그 사람의 인성, 능력, 과거 검증은 어차피 자신이 믿고 싶은 것만 믿는 결과를 초래합니다. 버락 오바마 전 대통령이 고별연설에서 이런 말을 했습니다.

"여러분이 나를 더 좋은 대통령으로 만들었다."

다음 대통령의 임기가 끝날 때 이 말을 들어보고 싶지 않습니까? 저는 정말 간절히 듣고 싶습니다.

독재자 초청을 막는 길

어떤 분이 제게 아주 길게 고민을 털어놓았습니다.

"박사님은 스스로 생각하는 욕망, 즉 어떤 나라를 꿈꾸는지, 어떻게 살고 싶은지를 계속 자문해보라고 하는데 저는 상식이 통하는 나라를 원합니다. 그런데 제가 생각하는 상식과 현재 우리나라의 상식이 너무 다른 것 같아 고민입니다. 사람들은 김기춘이나 우병우를 욕하면서 정작 자신은 그 자리에 오르고 싶어 합니다. 제가 생각하는 상식은 교과서적일지도 모르지만 어려운 사람들을 돕고, 신의를 지키고, 쓰레기를 함부로 버리지 않는 것 정도의 수준입니다.

저는 우리나라에서 소위 잘나가는 회사의 협력업체 직원으로 일하는데 그곳 직원들도 그런 상식을 보이는 사람보다 그렇지 않은 사람이 훨씬 더 많습니다. 가령 회사가 지원하는 복지에서 빵이나 우유를 하나 더 먹겠다고 컴플레인을 겁니다. 대한민국 월급쟁이 중 상위 10퍼센트에 들어가는 사람들이 그처럼 추한 모습을 보일 때마다 '상식이 통하는 나라는 너무 구체적이지 않은 대답이구나' 싶은 생각이 들어요. 상식을 상식의 자리에 올려놓는 것이 먼저고 상식이 통하는 나라는 단순히 제 꿈이라는 생각이 듭니다.

또 하나, 박사모나 1번만 찍는 사람을 욕하는 사람은 대부분 2번만이 정답이라고 외칩니다. 그런 친구들에게 제가 네 행동은 네가 욕하는 엄마랑 다를 바 없다고 말하면 화를 냅니다. 나랑 싸우자는 거냐고 하지요. 저는 이렇게 묻습니다. '네가 열렬히 지지하는 그 후보는 왜 대통령이 되어야 하느냐? 어떤 점에서 다르냐?' 그러면 이런 대답이 돌아옵니다. '이명박이나 박근혜보다는 낫겠지.' 어떤 면에서 낫다는 거냐고 물으면 또 싸우자는 거냐고 합니다. 결국 친구들과도 대화하기가 힘들고 자칭 정치에 관심이 있다는 사람과도 대화가 잘 이뤄지지 않습니다."

충분히 이해가 가는 생각입니다. 실제로 지금 대한민국 국민은 자기 욕망의 정체를 드러내는 걸 부담스러워합니다. 대신 '나는 옳고, 너는 틀렸다'는 얘기로 자기 욕망을 꽁꽁 싸매고 있습니다.

"네가 정말로 원하는 게 무엇이냐? 네 욕망이 무엇이냐?"

이 질문에 답하는 것은 우리가 또 다른 독재자를 초청하는 일을 막는 가장 좋은 방법입니다. 그런데 좀처럼 알려고 하지 않습니다.

제가 한국인의 심리를 탐색하면서 알아낸 것 중 하나가 1990년대 이후 한국인이 심리적으로 더 힘들어졌다는 점입니다. 가장 큰 이유는 88올림픽을 거치면서 한국인으로서 자부심이 더 높아지고 대한민국은 정말 잘사는 나라라는 믿음이 생긴데 있습니다. 여기까지는 괜찮지만 그 자부심과 믿음은 안타깝게도 '나만 빼고 다들 잘살아' 하는 마음까지 생산했습니다. 그와 동시에 내가 남보다 특별히 덜 노력한 것도 아닌데 '왜 나만 이렇게 힘들지' 하는 마음이 생기면서 불안해지고 앞으로 어떻게 살아야 할지 막막해진 것입니다.

사는 것이 혼란스러워지면 사람들이 스스로 정답이라고 믿는 것이 굉장히 다양해집니다. 이럴 때 유일하게 공통적인 정답은 '돈을 많이 벌면……'이라는 믿음입니다. 이때부터 사람들은 자신이 믿는 것이 정답인지 아닌지 알고 싶어 하지도 않는데, 이

우린 모두 상식이 통하는 사회를 바라지만
아쉽게도 각자의 상식이 다릅니다.
유일하게 공통적인 답은 '돈'이지요.

를 심리적으로 '미친놈 상태'라고 합니다. 자기가 어떤 사람인지 알고 싶지도 않고 또 알려고 하지도 않지요. 자신을 있는 그대로 보면 몹시 괴롭기 때문입니다. 그래서 나타난 현상이 자기보다 그럴듯하고 멋져 보이는 대상을 믿기만 하면 그가 자기 문제를 해결해줄 것처럼 행동하는 일입니다. 그 대표적인 현상이 교회에 가서 주님을 찾고 절에 가서 부처를 찾는 것입니다.

이 나라에 휘황찬란한 종교 시설이 속속 들어선 이유가 여기에 있습니다. 그런데 지난 10여 년간 종교계에도 뚜렷한 변화가 일어났지요. 사람들이 더 이상 교회나 절이 자기 문제를 해결해줄 것이라고 기대하지 않는 것입니다. 그와 함께 최고로 대단한 사람도 못 믿겠다는 현상이 두드러졌는데 이는 정치계 인물을 선택할 때도 마찬가지입니다. 이명박과 박근혜 때도 똑같은 일이 일어났습니다.

우린 모두 상식이 통하는 사회를 바라지만 아쉽게도 각자의 상식이 다릅니다. 유일하게 공통적인 답은 '돈'이지요. 그 안타까움을 사회적 이슈로 돌릴 때 우리는 각자 다양한 생각과 욕망을 표출합니다. 가령 정치인을 욕하면서 다른 한편으로는 부러워하는 사회가 만들어진 이유는 우리 개개인의 마음이 그렇기 때문입니다.

이런 얘기를 듣자니 마음이 불편하죠? 잘 압니다. 하지만 사실을 인정해야 우리 사회를 보다 나은 모습으로 만들어갈 수 있습니다. 그것도 다른 누군가가 아니라 내가 만들 수 있다면 솔깃하지 않나요? 어쩌면 이렇게 질문하고 싶을지도 모릅니다.

"내가 어떻게요? 그게 가능한가요? 그래도 되는 건가요?"

충분히 가능합니다. 내가 내 인생의 주인이듯 이 나라의 주권은 국민에게서 나옵니다. 한데 더러는 "말은 그럴싸하지만 그래서 어쩌자는 거죠?"라고 묻는 사람도 있습니다. 그럴 때 저는 오히려 질문을 합니다.

"당신이 원하는 것은 뭡니까?"

먼저 자신이 원하는 것을 돌아보면 놀라운 변화가 일어납니다. 무엇보다 지금까지 자신이 무엇을 원하고 있었는지 몰랐다는 사실을 확인할 수 있지요. 우리 사회에서 일어나는 문제에도 똑같은 해법을 적용할 수 있습니다. 사람들은 흔히 말합니다.

"그건 제 문제가 아니에요. 제게 무슨 힘이 있어요?"

아니, 이게 대체 무슨 소리입니까? 이 나라 권력은 국민에게서 나오므로 우리 각자에게는 분명 힘이 있습니다. 지도자를 선택할 때 또다시 옛날 모드로 돌아가지 않으려면 이 분명한 인식의 끈을 놓지 않아야 합니다.

당신만의 무력감이 아니다

제게 이렇게 질문하는 사람이 있었습니다.

"지금 대한민국 국민은 정치적으로 97년 외환위기 때와 똑같은 상황을 맞고 있습니다. 경제적 외환위기가 터졌을 때는 구조조정이나 금 모으기 운동을 해서 잘 극복했는데, 정치적 외환위기는 어떻게 극복해야 할지 정말 난감합니다. 어찌해야 할까요?"

아주 좋은 질문입니다. 지금 대한민국 국민이 겪는 충격은 심리적 공황 상태에서 빚어진 것입니다. 국민이 정치 지도자에게 실망을 넘어 배신감과 사기를 당한 느낌에 휩싸여 있으니까요.

우리가 이 상황을 극복하는 가장 좋은 방법은 자신의 혼란스러움과 궁금증을 사람들에게 털어놓고 충분히 대화하는 것입니다. 일종의 심리치료 과정에 참여하는 것이죠.

인간은 불합리한 존재지만 자기 나름대로 합리성을 추구하며 욕망을 충족시킵니다. 저도 한때는 밥벌이를 걱정할 필요는 없으니 이전투구하는 정치판에 대고 이래라저래라 할 것 없이 그럭저럭 살자 싶기도 했습니다. 내가 말한다고 특별히 달라지겠나 하는 생각도 했지요. 실제로 제가 대통령을 분석해 사람들에게 알려줘도 별로 달라지는 건 없었습니다. 그래서 그냥 제가 하고 싶은 일이나 하면서 지내려고 했는데, 곰곰 생각해보니 인생이 얼마나 길다고 눈 감고 입 다물고 사나 싶더군요.

우리에게는
각자 그러한 무기력감이 있습니다.

'이건 아닌데, 도저히 아닌데' 싶을 때 그냥 참고 살면 그 죄가 큽니다. 과거를 속죄하고 더 이상 죄를 짓지 않는 유일한 방법은 가만히 있지 말고 "그건 아니다"라고 떠드는데 있습니다. 자신이 어떤 죄를 지었는지 아는 사람은 스스로 약간 무기력감을 느낍니다. 지금까지 무관심한 채 그럭저럭 지내왔는데 더 이상 그러면 안 되겠다 하는 상황까지 온 것이죠.

우리에게는 각자 그러한 무기력감이 있습니다. 이제라도 그걸 떨쳐내야 합니다. 아마도 광장에 나가 촛불을 든 사람들은 이런 생각을 했을 겁니다.

'나 혼자만 무기력감을 느끼는 것은 아니구나.'

이걸 확인하는 순간, 우리는 그 마음을 표현하고 무기력에서 뛰쳐나올 방법을 찾아냅니다. 사람마다 다르겠지만 살다 보면 '내게 이런 부분이 부족해서 이걸 못한다'라는 생각이 들 때가 있습니다. 그럴 때 그냥 무기력하게 주저앉는 길을 선택할 수도 있지만 다르게 생각하는 사람도 있습니다.

"내가 부족한 건 부족한 거고, 비가 올 때 내가 꼭 비를 맞지 않고 완벽하게 가야 하는 건 아니잖아? 비를 좀 맞으면 어때? 감기에 걸리지 않고 그냥 지나갈 수도 있잖아. 비를 맞는다고 죽는

누구를 통해 필터링하거나 포장한 것이 아니라
자신의 욕망을 알아야 합니다.

것도 아니고 말이야."

내가 원하는 것이 무엇인지 명확히 알면 어떤 상황이 주어지든 그것을 앞으로 나아갈 힘을 얻는 계기로 삼을 수 있습니다. 한마디로 그것은 환골탈태할 기회로 작용합니다. 우리는 허물을 벗고 새로운 인간으로 변신하는 과정을 거쳐야 합니다. 마음을 털어놓고 충분히 대화를 나누십시오. 그런 기회에 자꾸만 자신을 노출하십시오.

괜히 우아하게 포장하지 말고

인간은 자신이 믿고 싶은 것을 믿으려 하고, 듣고 싶은 것을 들으려 합니다. 그러므로 먼저 내가 무얼 믿고 싶은지 분명히 해야 합니다. 누구를 통해 필터링하거나 포장한 것이 아니라 자신의 욕망을 알아야 한다는 얘기입니다.

대권주자들이 자신의 입장을 분명히 밝히지 못하는 이유는 말이 꼬이기 때문입니다. 그들은 겉으로는 멋지고 정의롭게 보이정현은 굉장히 진실합니다.
아마 대한민국에서 최고로 진실할 겁니다.

이고 싶어 하지만, 사실 자신이 개인적으로 욕심을 부리는 부분이 있음을 잘 알고 있습니다.

차라리 여당 대권주자들은 자기 입장을 명확히 얘기하지요. 그들도 별것 없지만 자기가 욕심을 부린다는 것을 분명히 드러냅니다. 어찌 보면 이건 인간적으로 더 진실한 것이라고 할 수 있습니다. 사람들은 흔히 진실을 착각합니다. 내 욕망, 내 욕심 앞에서 솔직하게 행동하는 것이 바로 진실입니다. 대표적으로 이정현은 굉장히 진실합니다. 아마 대한민국에서 최고로 진실할 겁니다. 그처럼 자기 욕망에 진실한 사람만큼 무시무시한 존재는 없지요.

그런데 그 욕망을 뒤에 숨기거나 다른 것으로 포장하려 하면 자꾸만 스텝이 꼬입니다. 꼬이지 않으려면 진짜 절실함이 있거나 자기 욕망을 충족하려는 초인적 열망이 있어야 합니다. 그래서 저는 괜히 우아하게 포장하지 말고 당신의 욕망이 무엇인지 들여다보라고 말합니다.

많은 사람이 이재명에게 관심을 보이는 이유는 억울하기 때문입니다. 너무 억울한데 이재명이 자신의 억울한 걸 대신 두들겨 패주겠다고 하니까 "어, 한 표 줄게" 하는 겁니다. 문재인은

우리가 정치인에게 투영하는 욕망은
적어도 있는 그대로의 우리 자신에 가깝습니다.

사람은 참 괜찮은데 자신을 대신해서 싸워줄 것 같지 않으니까 고민이 깊어지는 것이지요. 괜히 한 표를 주었다가 그가 일을 어영부영 처리하면 더 억울할 것 같은 느낌이 드는 것입니다. 이런 마음을 분명히 인정해야 합니다. 예를 들어 문재인이 "지난 9년간의 적폐를 청산하겠다"라고 했을 때 일부에서는 이렇게 구시렁댔습니다.

"아니, 지난 4년간의 적폐도 청산하지 못한 사람이 어떻게 9년을 청산해?"

마음 한구석에 이러한 생각이 있으면 당연히 '지금 저분이 뭔 말을 하는 거지?' 싶지요. 지난 대선 때 "박근혜는 절대 될 리가 없어" 하면서 "무조건 문재인이야, 아니야 무조건 안철수야"라며 싸우지 않고, 박근혜가 이명박처럼 사기 치지 않고 박정희 신화를 이뤄줄 것인지를 놓고 사람들이 실컷 논의했다면 어땠을까요? 아마 그것이 정말 이뤄질 수 있는 욕망인지 아닌지 알아챘을 것입니다. 그런 욕망을 입 밖에 내지 않고 '신뢰와 약속의 아이콘'이니 '국민 행복'이니 하는 말에 속아 넘어가 알아서 잘하겠지 하거나, 무조건 반대만 하다가 지금 우리가 혼이 비정상이 되어버린 것 아닙니까.

자기 욕망을 뒤로 감추거나 있어도 없는 척하면
결국 그 욕망은 더 강한 욕망을 가진 인간이나 집단에게
무시당합니다.

우리가 정치인에게 투영하는 욕망은 적어도 있는 그대로의 우리 자신에 가깝습니다. 본연의 자기 모습을 찾는 길은 욕망을 들여다보는 일입니다. 지금이라도 내가 지지하는 사람이 왜 대통령이 되기를 원하는지 자신의 욕망을 들여다보기 바랍니다. 늦기 전에 비슷한 욕망을 보이는 사람들과 내가 그 사람에게 투영한 욕망은 무엇이고 그것을 이룰 수 있을지 또는 그것을 이루면 정말 내가 원하는 삶·사회·세상을 만들 수 있을지 얘기를 나눠보기 바랍니다.

제 의사와 상관없이 교수직을 그만두면서 저는 제 욕망에 충실하지 못했던 지난 삶을 후회했습니다. 이 사회, 이 나라, 아니 세상이 좀 더 나은 곳으로 바뀌기를 원했다면 연구 결과를 보다 적극적으로 대중과 공유하고 소통했어야 했다는 아쉬움이 밀려든 것입니다. '정말 남다른 연구니 애써 알리지 않아도 사람들이 알아주겠지' 하며 안일하게 지내온 제 자신이 원망스러웠습니다.

흔히 대학에서는 교수가 보직에 오르는 것을 봉사로 포장하지요. 실상을 말하자면 그들은 자기 욕심을 채우느라 치열하게 정치 싸움을 합니다. 저는 그런 일은 나와 상관없는 것이라

여기며 스스로 고고한 척하면서 진흙탕에 빠져들지 않으면 그만이라고 생각했습니다. 결과를 놓고 보자면 그건 제 패착입니다.

대학이 외부 압력이나 위기 상황 속에서도 테뉴어(종신고용) 지위를 보장하는 것은 학문의 자유를 위한 대학의 숭고한 원칙이자 불문율입니다. 하지만 제가 경험한 바에 따르면 대한민국에서 소위 명문대라 자부하는 대학에서도 총장의 인식은 고작 자기 욕망에 충실한 정도에 불과합니다. 퇴임 이후 한자리를 차지하려는 총장의 욕망이 명문대를 대학이 아니라 사기업으로 전락시키는 현실을 저는 직접 경험했지요.

자기 욕망을 뒤로 감추거나 있어도 없는 척하면 결국 그 욕망은 더 강한 욕망을 가진 인간이나 집단에게 무시당합니다. 욕망을 뚜렷하게 표현하십시오. 욕망을 스스로 응원해야 자기 존재를 더 잘 확인할 수 있습니다.

6장

주인이 되는 법

괜찮은 세상은 어떻게 만드는가

우리는 정말 각성했는가

우리가 경험하는 정치 지도자가 기대만큼, 아니 기대의 반만큼이라도 우리에게 좋은 모습을 보여줬다면, 이 나라는 지금보다 훨씬 더 낫지 않을까요? 아마 우리는 삶에서도 훨씬 더 큰 만족감이나 행복감을 느꼈을 것입니다.

그런데 부모 자식 간을 생각해보면 부모가 자식이 기대하는 만큼 잘하기가 쉽지 않습니다. 같은 맥락에서 우리가 정치 지도자에게 기대한다는 것이 어떤 의미인지, 정말 기대해도 되는 건지 생각해볼 필요가 있습니다. 더 이상 실망하지 않으려면 우

더 이상 실망하지 않으려면
우리가 단순히 지지하거나 기대하는 수준이 아니라,
잘 감시해서 더 잘하도록 만들어야 합니다.

리가 단순히 지지하거나 기대하는 수준이 아니라, 잘 감시해서 더 잘하도록 만들어야 하는 게 아닐까 싶습니다.

박근혜의 경우 많은 사람이 그녀에게 막연한 기대, 그것도 지나치게 큰 기대를 하는 바람에 제대로 알려는 노력조차 하지 않았습니다.

제가 연구한 것을 내놨지만 누구도 관심을 기울이지 않았지요. 하지만 되돌아보면 그때 사람들이 알았더라도 박근혜에게 표를 주었을 것 같습니다. 우리는 그 마음을 신중하게 고민해봐야 합니다.

다음에 누가 대통령이 될지는 저도 잘 모르겠습니다. 그러나 한 가지 우리가 분명하게 알아야 할 것은 누가 대통령이 되든 그가 알아서 잘할 가능성은 없다는 점입니다. 알아서 잘하기를 기대하는 순간, 그는 나쁜 대통령이 됩니다. 일단 선택은 우리의 몫이므로 누가 잘할지 치열하게 따지고 고민해서 투표해야 합니다. 그런 다음 자신이 기대하던 사람이 대통령이 되면 그가 제대로 하는지 또다시 치열하게 따지고 의문을 보이며 잘하도록 요구해야 합니다. 그것이 바로 이 나라 주권자의 책임이자 의무입니다.

누가 대통령이 되든
그가 알아서 잘할 가능성은 없습니다.

토론, 하려거든 제대로

어떻게 하면 우리가 특정 개인을 좀 더 잘 알 수 있을까요? 가령 이재명과 문재인을 놓고 "이 사람은 흠이 있어서 본선에 나가면 경쟁력이 떨어진다", "이 사람은 확장성이 없어서 본선에 진출하면 경쟁력이 없다" 같은 속보이는 소리를 하지 말고 자신이 얼마나 국민을 잘 대표할 수 있는지를 놓고 서로 싸우게 해야 합니다. 즉 오픈 테이블에서 열심히 토론할 기회를 주어야 합니다. 그것도 10~20분이 아니라 최소한 1~2시간은 맞붙게 해야지요.

세상에서 가장 재미있는 구경거리가 싸움입니다. 자신이 얼마나 잘할 수 있는지 격하게 논의하는 과정을 지켜보는 것도 상당히 재미있는 일입니다.

"이봐요, 지금 이 문제는 어떻게 해결하실래요? 당신이 적폐를 해소한다고 했는데 어떻게 해소할 겁니까? 해본 적 있으세요?"

"당신이 복지에서 성공했다고 하는데 있는 돈 나눠주는 것은 박근혜도 하는 짓이잖아요. 그걸로 문제가 해결됩니까?"

사전에 치열하게 올라가는 과정을 거치지 않고
각 당에서 후보를 정한 뒤 그들을 모아놓고 토론하라고 하면
빤한 소리만 하게 마련입니다.

이런 질문을 받았을 때 그 사람이 어떻게 대답하는지 생생하게 지켜보는 것입니다. 어떤 철학을 갖고 얘기하는지, 다른 누군가가 써준 것 같은 빤한 얘기를 하는지 매일 한 시간씩만 인터넷으로 생중계해도 사람들의 관심은 증폭될 수밖에 없습니다. 관심이 없던 사람이 봐도 재미있고, 관심이 있던 사람이 보면 더 재미있지요.

그런 자리를 마련하지 않고 경쟁력이 있느니 없느니 할 필요가 있습니까? 불가능하거나 힘든 일도 아닙니다. 그들이 그렇게 하지 않으면 국민이 '너희도 박근혜처럼 국민에게 사기를 치려 한다'는 메시지를 계속 보내면 됩니다.

지금 우리는 다음과 같은 질문을 해봐야 합니다.

"어떻게 하면 다음 싸움에서 이길 수 있는가? 우리가 싸워야 할 적은 누구인가?"

만약 민주당 사람들이 이재명이냐 문재인이냐 안희정이냐를 놓고 논란만 벌인다면 그저 한심하다는 말밖에 해줄 말이 없습니다. 사전에 치열하게 올라가는 과정을 거치지 않고 각 당에서 후보를 정한 뒤 그들을 모아놓고 토론하라고 하면 빤한 소리만 하게 마련입니다. 답답해서 미칠 지경이지만 그래도 어쩔 수

없이 찍어주면 자신이 하겠다고 약속한 것을 지키기보다 엉뚱한 짓을 하는 상황이 벌어집니다.

그럴 때 역시나 사기였구나 하지 말고 '이렇게 하겠다고 해 놓고 왜 바뀌었느냐. 혹시 내가 모르는 사정이 있었다면 밝혀라. 왜 갑자기 바뀌었냐' 하는 식으로 대응해야 합니다.

어떤 사람이든 화장실에 가기 전과 후의 마음이 다를 수 있다고 봅니다. 인간이기에 그런 모습 자체를 나쁘게 생각하지는 않지만 그래도 자기 입으로 내뱉은 약속을 어기는 부분은 짚고 넘어가야 합니다.

바보야, 문제는 질문이야

정치 얘기가 붐을 이루는 요즘 정치를 어떤 자세로 들여다보는 것이 좋을까요? 어떤 말을 할 때 그 사람이 이미 답을 정해 놓고 한다면 저는 그것을 '평론가의 태도'라고 생각합니다.

예를 들어 "이건 노이즈 마케팅이야"라고 정의하는 순간, 그것이 무엇인지 더 이상 알 필요를 느끼지 못하게 되기 때문입니다. NLL 이야기도 마찬가지입니다. "우리의 북방한계선을 북한에 넘겨주었다"라고 하면 앞뒤 정황이고 뭐고 의문 없이 그 말이 그냥 정답으로 정해지고 맙니다.

50대가 투표를 제대로 해서 박근혜가 당선되고 말았습니다.
그때 야당은 무작정 투표를 해야 한다고 주장했지요.

이미 정답이 정해지면 정작 우리가 느끼는 위기나 공포심의 정체가 무엇인지 알려고 하기보다 자연스레 내가 특별히 할 게 없다는 생각을 합니다.

"투표를 제대로 해야 한다"라는 말도 생각해볼 필요가 있습니다. 대체 어떻게 하는 것이 투표를 제대로 하는 걸까요? 무작정 투표를 하면 제대로 하는 겁니까? 이건 또 다른 속임수에 불과합니다. 50대가 투표를 제대로 해서 박근혜가 당선되고 말았습니다. 그때 야당은 무작정 투표를 해야 한다고 주장했지요. 무엇이 문제인지 제대로 지적해주지도 않고 무작정 투표만 하라고 말하는 것은 어이없는 짓입니다.

우리는 왜 해야 하는지, 무엇이 문제인지 의문을 표시하고 질문해야 합니다. NLL을 말할 때도 그래서 뭐가 문제냐고 물었어야지요.

"NLL을 넘겨줬다면 이제 북방한계선이 없어지고 북한의 군함들이 죄다 내려오나요?"

이 정도만 물어봐도 그게 아니라는 것이 드러납니다. 그런데 도무지 질문을 하지 않습니다. 평론가의 태도에서 벗어나려면 어떤 이슈가 나왔을 때 자기주장이나 자기 생각을 이야기하

우리는 왜 해야 하는지, 무엇이 문제인지 의문을
표시하고 질문해야 합니다.

는 동시에 '그때 무슨 질문을 하셨나요?' 하고 질문한 것을 확인해야 합니다. 이것이 평론가의 태도인지 아니면 진짜 어떤 문제를 정확히 알고 싶어서 확인하는 것인지 판단하는 기준입니다.

누군가가 평론가의 태도로 열심히 B급 평론을 할 때, 잘 듣다가 "방금 무슨 말씀을 하셨어요?"라고 물으면 헷갈려하거나 자기가 말한 내용과 다른 얘기를 합니다.

방송에서도 평론가를 죽이는 가장 좋은 방법은 듣는 척하다가 나중에 "그런데 방금 무슨 말씀을 하셨어요? 이해가 가지 않는데, 다시 한 번 말씀해주시겠어요?" 하고 묻는 것입니다. 어떤 평론가는 놀라서 당황합니다.

사람들은 대부분 어떤 당위성에 기반을 두고 이야기를 합니다. 그렇게 당위성을 말하는 사람도 평론가의 태도에서 얘기하는 것입니다. 그 당위성이 진짜인지 아닌지 확인하기 위해 역으로 "그렇게 하면 왜 안 됩니까?"라고 질문하면 평론가의 입장에서는 당연히 당혹스러울 수밖에 없지요. 평론가와 얘기할 때는 책에 다 나오는 정보와 지식이 아니라 그 사람이 이야기한 것을 가지고 다시 물어보는 것이 좋습니다.

조삼모사에 속아 넘어가지 않는 방법은 뭘까요?
그건 혼자서만 생각하지 말고 여럿이 대화를 나누는 것입니다.

분란을 일으키는 그 사람이 영웅이다

신문과 TV 뉴스에서 보도하는 정부 정책 이야기를 듣고 우리는 대부분 그에 대해 판단하지 않습니다. 그저 이런 일이 있구나, 어디의 돈줄을 끊었구나, 어디에 돈을 주기로 했구나, 이런 건물을 세우기로 했구나 하는 정도만 생각할 뿐입니다. 국민을 판단하게 만드는 뉴스는 '누가 좋은 사람이다' 혹은 '누가 나쁜 사람이다' 하는 정도에 불과합니다.

흔히 국민의 의식이 성숙해야 한다고 말하는데, 저는 지금 우리의 문제가 무엇인지 국민이 더 정확히 알도록 하는 장치가 필요하다고 봅니다. 오히려 저는 대한민국 국민이 너무 똑똑하고 잘나서 문제라고 생각하기 때문입니다.

똑똑한 사람은 조금도 손해 보지 않거나 지지 않으려고 단기적인 이익을 좇아 재빨리 움직입니다. 장기적으로 보면 망하는 길인데도 단기적으로 그럴듯하면 그냥 움직이는 것입니다. 한마디로 조삼모사에 잘 속아 넘어갑니다.

그러면 조삼모사에 속아 넘어가지 않는 방법은 뭘까요? 그 우리는 문제가 뭐냐고 물어야 합니다.
우리가 통념처럼 믿고 있는 것에
의문을 제기해서 통찰을 얻어야 합니다.

건 혼자서만 생각하지 말고 여럿이 대화를 나누는 것입니다. 한국인의 범죄 중에서 가장 많은 범죄가 바로 '사기'입니다. 사기로 고소하는 비율이 일본이나 미국에 비해 거의 열 배 이상이지요. 같은 인구 비율 대비 열 배 이상 고소와 고발 사건이 많다는 얘기입니다.

한국에는 왜 그토록 사기사건이 많은 것일까요? 똑똑한 사람들이 왜 그토록 사기를 많이 당하는 걸까요? 사기를 당하는 사람들의 가장 큰 특징은 이렇습니다.

"이거 아주 좋은 건데 한번 해보지 않을래?"

"정말 좋은 거야?"

"아주 좋은 거야. 그러니까 너 혼자만 알고 있어. 다른 사람한테 말하지 마."

이런 얘기를 듣고 나면 정말로 주위 사람들에게 물어보지도 않습니다. 설령 주위 사람에게 얘기를 해도 상대방이 좋지 않은 말을 하면 그 말을 한 사람을 만나지 않습니다.

"질투가 나서 그러는 거지? 네가 몰라서 그래!"

대한민국 국민은 크고 작은 사기를 엄청나게 당해왔습니다. 지금 우리에게는 '국민이 좀 더 성숙해야 한다'라는 답이 필요한

조직을 시끄럽게 하고 분란을 일으키는 사람이
그 조직을 바꿀 영웅입니다.

게 아닙니다. 언론에서는 흔히 벌써 답을 정해놓고 마무리 무렵에 좀 더 성숙한 국민의식이 필요한 때라고 말합니다.

대체 어떻게 해야 좀 더 성숙할 수 있다는 겁니까? 이것은 속임수에 불과합니다. 언론과 정치인은 국민에게 컵 세 개 안에 동전을 넣고 손을 현란하게 움직여 어디에 있는지 맞혀보라고 하는 야바위꾼처럼 굴고 있습니다.

우리는 문제가 뭐냐고 물어야 합니다. 우리가 통념처럼 믿고 있는 것에 의문을 제기해서 통찰을 얻어야 합니다. 문제는 통찰을 주는 사람의 말을 반갑게 받아들이지 않고 살얼음 같은 정국에 쓸데없이 돌을 던져 평지풍파를 일으키는 문제아로 보는 데 있습니다. 어쨌든 이 사회는 조용히 사는 조직에 분란을 일으키는 것을 문제로 봅니다.

조직을 시끄럽게 하고 분란을 일으키는 사람이 그 조직을 바꿀 영웅입니다. 이러한 논리나 믿음이 있으면 그 사회에서는 훨씬 더 발전할 수 있는 에너지가 나옵니다.

"가만히 있어라!"

이 말은 지금도 우리의 가슴을 아프게 만듭니다. 세월호에서 구명조끼를 입고 가만히 선실에 있었던 학생들에게는 죄가

우리가 그동안 당연시해온 것, 정답이라고 알고 살아온 것이
어쩌면 문제투성이일 수도 있습니다.

없습니다. 그들을 그렇게 말 잘 듣는 아이로 교육한 어른의 잘못이 크지요. 우리가 받은 교육은 우리를 순식간에 죽일 수도 있습니다.

바로 이것이 우리가 안고 있는 문제입니다. 경주에 지진이 났을 때, 아이들이 대피하려고 하는데 교사가 조용히 앉아서 공부하라고 지시를 했다지요. 왜 아이들에게 이렇게 질문하라고 가르치지 않습니까?

"아니, 지금 공부를 어떻게 해요?"

학교에 다닐 때 교사에게 이렇게 질문하면 잔소리를 듣거나 얻어맞죠. 우리가 입으로는 '인간답게 사는 세상, 더 행복한 세상'을 이야기하지만 실은 결코 행복해질 수 없는 세상을 만들고 있는 것은 아닌지 의문이 듭니다.

우리가 그동안 당연시해온 것, 정답이라고 알고 살아온 것이 어쩌면 문제투성이일 수도 있습니다. 돈을 좀 더 많이 벌면, 영웅 같은 누군가가 나타나면, 수구 꼴통이 사라지면, 종북 세력이 없어지면, 북한의 김정은이 사망하면 과연 이 나라가 잘될까요? 이제 그만 속아야 합니다. 김일성이 사망했어도, 김정일이 죽었어도 여전히 똑같습니다. 자신을 경제 대통령으로 내세운

이명박 시절에 우리는 모두 부자가 되었습니까?

영웅이 등장하기를 기대하는 것은 식민지 교육과 군사정권의 유산으로 만들어진 것입니다. 제가 이런 말을 하면 더 이상 영웅 같은 것은 기대하지 않겠다고 말하는 분들이 많지만, 실은 장담하기 어렵습니다. 그것은 굉장히 어려운 일이므로 우리는 예방주사를 맞듯 끊임없이 대화하고 토론하면서 스스로 깨어 있어야 합니다. 꼭 정치 이야기가 아니어도 상관없습니다. 앞으로 어떻게 살아가는 것이 좋을지, 내가 무얼 위해 살아가야 할지 묻고 대답하고 토론을 하십시오.

'동질성'이라는 강박증

어느 조직과 모임에서든 우리는 구성원이 동질적이어야 한다는 강박증에 시달리고 있습니다. 그래서 집단이 공유하지 않는 의문을 던지거나 질문을 하면 공감을 얻지 못하는 것을 넘어 왕따를 당합니다. 심지어 소위 불순물을 추출하는 체계적인 과정이 시작됩니다.

진화론적 측면에서 동질적 성향이 강한 생명체끼리 모여 있으면 그 집단은 죽어갑니다. 그런데 우리는 반대로 동질적인 것을 추구해야 잘 산다고 생각합니다. 부산 사람들은 흔히 "우리

나와 가까운 것은 옳고
나와 멀거나 내게 영양가가 없는 것은
나쁜 겁니다.

가 남이가", "안 되면 영도다리에 빠져죽자" 하는 얘기를 합니다. 그러나 그럴수록 그 동네는 더 죽어갑니다.

물론 이질적인 존재를 받아들이려면 마음이 불편합니다. 그렇지만 그것은 내가 지불해야 하는 비용이라 생각하고 견뎌야 합니다.

흥미로운 것은 인간은 동질적인 사람들을 모아놓아도 그 안에서 다시 불순물을 추출한다는 사실입니다. 끊임없이 순수한 무언가를 향해 나아가려 하지요. 어떤 사람이 순도 100퍼센트를 추구한다는 말을 하면 우리는 보통 '저 사람이 사기를 치는구나' 라고 생각하지 않습니까? 실제로 정치인이 나와서 순도 100퍼센트를 운운하면 사기일 가능성이 큽니다. 정치인과 더불어 순도나 정의를 가장 많이 들먹이는 집단이 검찰입니다. 정의를 위해 일해야 할 그들이 주장하는 정의는 힘센 사람의 입장에서 보는 정의입니다.

그다음에 추상적인 단어를 쓰면서 '나는 무엇 무엇을 위해 일한다' 혹은 '나는 이런저런 것을 위해 산다' 하고 말하면 저는 반드시 물어봅니다.

"구체적으로 어떤 행동을 할 때 그런 모습을 보이십니까?"

한국인의 심리에서는 옳고 그른 것을 판단하는 기준이 상당히 흥미롭습니다. 나와 가까운 것은 옳고 나와 멀거나 내게 영양가가 없는 것은 나쁜 겁니다. 이것이 한국인의 내면에서 작동하는 가장 대표적인 심리입니다.

한국인과 미국인은 세상을 이해하고 파악하는 방식에서 차이를 보입니다. 미국인은 무엇이 옳고 그른지를 얘기할 때 누구나 법을 내세웁니다. 그런데 한국인 중 옳고 그름을 주장할 때 법을 내세우는 쪽은 권력을 쥐었거나 기득권을 가진 사람입니다. 그들이 법을 자신을 방어하는 데 사용하기 때문입니다. 기득권이 아니거나 억울한 일을 당한 사람들이 법대로 하려다 감정만 상하는 이유가 여기에 있습니다.

이처럼 옳고 그름의 판단 기준은 사회나 문화에 따라 다르므로 일단 우리가 그 기준에 공감할 수 있어야 판단이 가능합니다. 무조건 법이 옳다고 하는 것은 소위 법을 이용해 자기 이익을 추구할 수 있는 사람이나 사용하는 말입니다.

회사에서 어떤 임원이 부정한 짓을 하다가 걸렸다면 질서 있는 퇴진이 가능합니다. 왜 그럴까요? 일단 같이 해먹은 사람이 많습니다. 그다음에 더 결정적인 것은 그 임원이 주인이 저지른 나쁜 짓을 다 알고 있습니다. 주인의 입장에서는 그 임원이 해먹은 것보다 그의 비리를 폭로했을 때 자기가 지불해야 하는 비용이 훨씬 더 크게 느껴집니다. 그럴 때는 질서 있는 퇴진이 더 싸게 먹히는 법이지요.

내가 지지하는 사람이 뽑히면 알아서 잘하겠지 하고
뽑히지 않으면 더 이상 세상에 관심을 가져서 무엇 하리 하면서
아예 손을 놓아버립니다.

그러면 우리 사회에서 정의를 추구할 때는 어떤 방법이 가장 쌀까요? 사람들마다 생각이 매우 다양하겠지요. 한국인의 심리를 고려하는 입장에서 저는 먼저 우리가 믿는 '정의'가 각 이슈에 어떻게 나타나는지 확인하고 싶습니다. 이는 문제가 되거나 논란이 일어나는 이슈와 관련해 우리가 믿는 정의가 무엇인지 다시 묻겠다는 얘기입니다. 그 정의를 힘 있는 사람이 주장하는지 아니면 힘없는 사람이 주장하는지도 확인해야 합니다. 가장 싼 비용은 힘 있는 사람이 원하는 정의를 추구할 때이고, 가장 비싼 비용은 힘없는 사람이 원하는 정의를 추구할 때입니다. 한국 사회에서 정의는 '힘이 있고 없고'에 따라 분명한 자본주의 법칙이 작용합니다. 그것이 이 사회에서의 정의입니다.

더 재미있는 것은 우리 사회에서 누가 비용을 지불하느냐와 얼마나 비싼 비용을 지불하느냐는 다른 문제라는 점입니다. 정의를 어떻게 정의하든 이 사회에서 비용은 항상 힘없는 사람이 지불합니다. 지금까지 그래왔습니다. 스스로를 힘없는 서민이라고 생각하는 대다수가 절대선이라고 믿는 정의를 더욱더 원하는 이유가 여기에 있지요. 이런 믿음이 강할수록 정의는 힘없는 사람들과 더 멀어지는 것이 대한민국 사회의 대표적인 특징입니다.

정치가 산으로 가지 않으려면

우리는 자신의 욕망을 뚜렷이 인식하지 못한 채 막연히 내가 좋아하는 사람을 지지합니다. 만약 그 사람이 뽑히면 알아서 잘하겠지 하고 뽑히지 않으면 더 이상 세상에 관심을 가져서 무엇 하리 하면서 아예 손을 놓아버립니다. 그러다 보니 결국 내가 지지하는 사람이 뽑혀도 달라지는 건 없습니다. 그 사람이 자기가 하고 싶은 대로, 자기 패거리의 욕망을 충족시키느라 바쁘기 때문입니다.

지금 많은 사람이 노무현을 그리워하고 흠모하는데 우리가 잊지 말아야 할 것이 있습니다. 노무현 시절, 대한민국 국민은 거의 대부분 길을 걷다가 갑자기 소나기만 와도 '이게 다 노무현 때문이야'라는 마음으로 살았다는 것을 말입니다. 그가 사망하고 사람들이 지켜주지 못해 미안하다는 말을 할 때 저도 미안했습니다. 그렇다고 제게 지켜주고 싶은 마음이 있었던 것은 아닙니다. 다만 '잘하고 싶은 마음이 굴뚝같다는 게 보이는데 왜 저리 삽질을 골라서 하지' 싶던 안타까운 마음이 되살아났기 때문입니다.

당시 많은 사람이 '주위에 능력 있는 사람이 없어서', '참모들이 제대로 해주지 못해서' 등의 이야기를 했습니다. 실은 참모를 제대로 갖추는 것도 본인의 능력입니다. 일부에서는 다음에 정치 지도자를 뽑을 때, 내 이익을 극대화해줄 사람이 누군가를 먼저 생각해야 합니다.

는 참모를 잘 갖출 만한 능력이 있는 사람을 뽑겠다고 말하기도 했습니다. 그때 저는 이번에는 또 어떤 사기를 당할까 하는 생각을 했지요.

저는 무엇이 나라를 망치는 행동인지 심각하게 따져봤습니다. 우리는 보통 내가 좋아하는 어떤 사람이 대통령이 되면 그가 알아서 잘할 거라고 믿습니다. 반대로 싫어하는 사람이 대통령이 되면 망했다는 생각에 관심을 끊고 먹고사는 데만 신경을 씁니다. 바로 이것이 나라를 망치는 행동입니다.

정치 지도자를 선택할 때는 좋고 싫고를 떠나 이 나라에서 무엇이 강하게 일어나기를 바라는지, 내가 바라는 변화가 무엇인지, 살아가는 데 가장 중요한 것이 무엇인지 따져보아야 합니다. 먹고사는 데 열심히 신경 쓸 수 있다면, 적어도 내가 다른 것에 신경 쓰지 않고 거기에만 초점을 두고 잘할 수 있도록 해준다면 그건 정치인이 정치를 아주 잘한다는 뜻입니다.

그걸 가장 잘 해낼 사람을 뽑는 것이 바로 올바른 지도자를 선택하는 방법입니다. 제가 이런 말을 하니까 어떤 분이 묻더군요.

"그러면 나 좋자고 내 이익을 극대화해줄 사람을 정치 지도자로 뽑아야 합니까?"

당연한 말입니다. 내 이익을 희생해가면서 다른 사람의 이익을 극대화해줄 정치 지도자를 뽑는 사람은 지구상에 없습니다. 왜냐고요? 그건 인간이 하는 행동이 아니기 때문입니다. 정치 지도자를 뽑을 때, 우리는 인간이 가장 자연스럽게 하는 행동을 기초로 선택해야 합니다. 그것은 내 이익을 극대화해줄 사람이 누군가를 먼저 생각하는 일입니다. 거창하게 국가나 사회, 합리적 사고로 포장할 필요가 없습니다.

그러면 내 이익을 극대화해줄 것 같아서 지지했고 그 사람이 대통령이 되었다고 칩시다.

"와우. 이제 저 사람이 알아서 잘해줄 거야."

천만의 말씀입니다. 대통령도 인간인지라 자기 이익을 극대화하기 위해 노력합니다. 그럴 때 국민은 총칼은 들 수 없어도 펜이라도 들고, 아니 집에 있는 송곳이라도 들고 그 사람이나 그 주위 사람을 계속 찔러야 합니다.

"왜 공약을 실천하지 않아."

계속해서 관심을 보이고 공약을 실천하지 않으면 문자라도 날리면서 찔러야 내가 처음에 지지했던 그대로 행동을 지속합니다. 그것이 우리가 정말로 바라는 지도자를 만들어가는 길입니다.

내가 지지한 사람이 졌을 때도 마찬가지입니다. 그냥 포기할 것이 아니라 선택받은 지도자가 내가 낸 세금으로 나라를 다

스리므로 제대로 가고 있는지 계속해서 신경을 써야 합니다. 어떤 방식으로든 자기 의견을 뚜렷이 드러내는 것이 국민의 권리이자 의무입니다.

그 사람이 훌륭해서, 경력이 대단해서, 훌륭한 업적이 있어서 누군가를 지지하는 것은 우리가 주인이라기보다 노예의 관점에 서 있음을 의미합니다. 알아서 잘하는 사람은 없습니다. 분명 나라의 주인은 국민이고 대통령도 국민의 세금으로 월급을 받는 종업원입니다. 그 종업원이 일을 제대로 하는지 두 눈을 치켜뜨고 지켜봐야 합니다.

나가는 말

지금보다 나빠지지 않기를 바라며

저는 다음 대통령이 누가 됐든, 그가 성공한 대통령이기를 바랍니다. 우리가 원하는 세상을 만들어주는 그런 대통령이기를 바랍니다. 그런데 안타깝지만 다음 대통령으로 누구를 뽑아도 노무현이나 이명박, 심지어 박근혜 때보다 더 좋아질 가능성은 그리 크지 않아 보입니다.

그렇다고 포기할 수는 없었습니다. 저는 최대한 지금보다 나빠지지는 않았으면 하는 마음에서 이 책을 썼습니다.

우리 욕망이 대통령을 만듭니다. 인물은 바뀌지 않습니다. 단지 그 인물을 향한 우리 욕망이 그때그때 다른 모습을 빚어낼 뿐입니다. 우리 욕망이 빚은 대통령은 배우자만큼이나 내 삶에

누굴 뽑더라도
계속 '내 욕망을 실현해줘'라며 요구하면
노골적으로 우리가 원하는 것에 역행할 수는 없을 것입니다.

즉각적이고도 지대한 영향을 미칩니다. 내가 바라는 그 사람, 욕망을 투사한 그 모습이 바로 대통령이 됩니다.

따라서 절대로, 아무나 뽑으면 안 됩니다.

한 사람이 할 수 있는 일에는 한계가 있습니다. 누굴 뽑더라도 계속 '내 욕망을 실현해줘'라며 요구하면 노골적으로 우리가 원하는 것에 역행할 수는 없을 것입니다. 우리가 뽑아놓은 사람이 그런 짓만 하지 않아도 선거에서 절반 이상은 성공했다고 볼 수 있습니다.

사람들은 언제나 이런 질문을 던집니다.

"성품이 좋으면 그게 가능할까요?"

"한 성질 있다고 그게 안 될까요?"

"이것저것 책임지지 않고 잘 빠져나가는 성향이면 그걸 잘할까요?"

"혹시 정치를 잘한다는 것은 그러한 성향과 관련이 없는 걸까요?"

유권자인 우리는 다음에 어떤 사람을 선택해야 이 나라가 나아질 것인지가 아니라 내가 그 사람을 통해 이루고자 하는 것이 무엇인지를 밑바탕으로 후보를 고민해야 합니다. 스스로의 욕망을 분명히 알면 누구를 선택하든 그것을 충족시켜줄 사람을 잘 선택할 수 있습니다. 반대로 우리의 욕망이 무엇인지 모르는 상황에서는 막연히 멋있고 괜찮아 보이는 사람을 뽑게 마련입니다. 이 경우 우리는 100퍼센트 그 사람에게 속고 맙니다.

정치 지도자가 마치 신처럼 처음에 약속한 것을 모두 지킬 거라고 믿는다면 그건 완벽한 착각입니다. 우리는 물어야 합니다.

"그때 이런 공약을 해놓고 왜 마음이 바뀌었습니까?"

그럼 그 지도자가 이렇게 말할 수 있습니다.

"그때는 제가 이러저러한 부분을 잘 몰라서 그렇게 말했는데, 위치와 입장이 바뀌고 보니 상황을 바라보는 눈과 방향이 달라졌어요."

"어, 그래요? 그런데 그때는 왜 그런 말을 했어요? 단순히 표를 얻으려고 그런 겁니까, 아니면 국민이 원하는 것이 거기에 더 맞는다고 생각해서 그런 겁니까?"

여기서 만약 "표를 좀 얻으려고 그랬어요. 덕분에 재미 좀 봤지요"라고 하면 욕을 한 사발 들이붓고 "내가 너 같은 인간을 두 번 다시 지지하나 봐라" 하고 반면교사로 삼으면 됩니다. 그게 아니라 "국가와 민족을 위해 그것이 맞는다고 생각했는데, 제가 이 상황에 놓이니까 그렇지 않아서 이렇게 바뀌었습니다"라고 하면 좀 더 지켜볼 필요가 있습니다.

우는 아이에게 먹을 걸 더 주는 심리 법칙은 어느 영역에나 통합니다. 불편한 것, 바꾸고 싶은 것을 말하지 않는 한 바뀌지 않습니다. 따라서 정치에 적극 참여해야 합니다. 촛불집회에 참석하면 모든 문제가 저절로 해결될 거라고 믿지만, 촛불집회에 나가는 것은 가장 기본적인 일입니다. 그다음으로 여럿이 모여 논의하면서 좋아질 궁리를 해야 바뀝니다.

무엇보다 우리 스스로 어떤 욕망을 충족시키고 싶은지 질문을 던져야 합니다. 막연히 누군가가 내 욕망을 실현해줄 것이라고 믿는 것은 스스로 노예의 심리로 자신을 세뇌하는 일입니다.

우리가 더 이상 노예가 아닌 주인의 자세로 살아갈 때 우리의 문제가 무엇이든 내가 충족시키려 하는 욕망이 무엇이든 그것을 분명히 인식하고 표현할 때, 대한민국이 바뀝니다.

좋은 대통령이 나쁜 대통령 된다

첫판 1쇄 펴낸날 2017년 4월 10일

지은이 황상민
발행인 김혜경
편집인 김수진
책임편집 이은정
편집기획 김교석 이다희 백도라지 조한나 윤진아
경영지원국 안정숙
마케팅 문창운 노현규
회계 임옥희 양여진 김주연

펴낸곳 (주)도서출판 푸른숲
출판등록 2002년 7월 5일 제 406-2003-032호
주소 경기도 파주시 회동길 57-9번지, 우편번호 10881
전화 031)955-1400(마케팅부), 031)955-1410(편집부)
팩스 031)955-1406(마케팅부), 031)955-1424(편집부)
홈페이지 www.prunsoop.co.kr
페이스북 www.facebook.com/prunsoop **인스타그램** @prunsoop

ISBN 979-11-5675-686-6(03340)

* 잘못된 책은 구입하신 서점에서 바꾸어 드립니다.
* 본서의 반품 기한은 2022년 4월 30일까지입니다.

이 도서의 국립중앙도서관 출판시도서목록(CIP)은 e-CIP 홈페이지(http://www.nl.go.kr/ecip)와 국가자료공동목록시스템(http://www.nl.go.kr/kolisnet)에서 이용하실 수 있습니다. (CIP2017007680)